SDGsがひらくビジネス新時代【目次】

まえがき――個人的なことは経済的なこと

人生はジャングルジムに似ている。はしごのように、下から上に登るのではなく、あっちに行ったりこっちに来たり。右に行ったり左に行ったり。てっぺんに到達する道は無限にある。そもそも「てっぺん」に行かなくても十分楽しめる。

この喩《たと》えは、フェイスブック社の最高執行責任者、シェリル・サンドバーグさんから借りた。

私もジャングルジムのような人生を歩んできた。小さい頃はアメリカの南西部のメキシコとの国境に近い地域で育った。英語とスペイン語が飛び交う空間。アジア系であった自分の顔のつくりが、他の児童と異なっていた。それで毎日泣いていた、と母親からよく聞かされた。

日本に数年だけ戻り、またアメリカへ行き、今度は東部のコネチカット州で暮らした。

母親が突然がんで亡くなったため、急遽、中学生のときに帰国。日本の学校になじめない日々。体調が悪いのか、学校に行きたくないのか分からない。中学や高校はよくサボっていた。

何という偶然なのか。いま、この文章を書いているときに中学校時代の同級生から、たまたま私のSNSに連絡がきて、「中高時代の竹下君は、教室で寝ている印象しかなかった」と言われた。教室の外にいても、私は東京・吉祥寺で麻雀をしたり、週末の競馬の馬券売り場で、缶ジュースを片手に大人たちを眺めていたりした。

このままではいけない、と取り付かれたように受験勉強を始める。集中し過ぎてしまい、食卓でもまったく話さなくなる。

大学卒業後は朝日新聞社の経済記者に。就職氷河期、新聞への不信感の高まりと、インターネットの影響力の拡大。そういう記憶ばかりが残っている。赴任先の佐賀県で結婚し、長男が生まれた2008年に育児休業を取得。4カ月間、仕事をしなかった。その後、今度はアメリカ西海岸のシリコンバレーのスタンフォード大学の客員研究員として1年間、インターネット企業のビジネス開発を学ぶ。2016年4月に朝日新聞社を退社。アメリカ・ニューヨーク生まれのネットメディア「ハフポスト」の編集長になった。

5年後、ハフポストは同じくアメリカ生まれのネットメディア「バズフィード」に買収された。インターネットビジネスの競争が世界的に激しくなるなか、複数のメディアを一体的に経営して、ビジネスを拡張させるためだ。私は日本での統合交渉も経験した。話し合いはすべてオンライン。会社が、バーチャル空間で姿形を変えていく。

2021年6月に編集長を退任し、ハフポストを辞めて、新しい経済コンテンツサービス企業「PIVOT」の創業メンバーになった。新しい職場のPIVOTでは3億円の資金調達を実施。私は、執行役員兼SDGs専門のチーフエディターになる。

「ジャングルジム」型の人生

同じ会社に長く勤めて、キャリアを一段一段、登っていく「はしご型」の人生とは異なる。「ジャングルジム」型の人生は冒険だ。気を付けていることが一つある。自分個人の「心」を徹底的に大事にするということだ。ハフポストの編集長になったのも、PIVOTというメディアを仲間とつくっているのも、すべては自分の心の声に従った結果である。なぜなら、はしご型人生のように、「上を目指す」という目標がないなか、自分の内なる声が頼れる唯一の指針だからだ。

「新しい挑戦をしたい」

「ゼロからメディアをつくって、日本の課題を解決したい」

お風呂に入っている時間、妻と散歩している最中、朝起きて子どもの弁当をつくっているとき。心の中から突然沸き起こってくる感情を何より大切にして生きてきた。

日本のビジネスパーソンが自己紹介をするとき、「大阪支店長を拝命しまして」と言ったり、「突然、マーケティングを担当しろ、と上から言われまして」と口にしたりする。私はそのような言葉を絶対言わない人生を送ろうと決めてきた。あくまで「自分がやりたいからこの仕事をやっている」と心の中で〝腹落ち〟するまで、働く意義を突きつめて考えてきた。そうしないと、ジャングルジムで方向感を失い、時には転げ落ちてしまうから。

私は本書では、ＳＤＧｓをきっかけに生まれる新しいビジネスの世界について、読者のみなさんと一緒に考えていきたいと思っている。それも真剣に考えたい。どこか「きれいごと」のように思えてしまうこの言葉を、私が人生を歩むときに大事にしているように、心の底から理解するように努め、私にとっても、あなたにとっても、腹落ちするようにしたい。この本も「ジャングルジム」だ。退屈な教科書のように、一つ一つ、順番を追って説明をするようなことはしない。これまでＳＤＧｓについて取材してきたことを惜しみなく紹介していく。日本だけではなく、アメリカの話も中国の話も、時にバングラデシュや南アフリカの話もする。過去についても、未来についても語り、私個人の体験談からグローバル金融の潮流、ブラック企業の問題点まで、行ったり来たりする。

ＳＤＧｓは「持続可能な開発目標」と訳される。２０１５年に国連で採択された。環境、人権、ジェンダー、貧困、格差など、さまざまな社会課題を17の目標にまとめ、世界各国が解決に努めることを取り決めたものだ。罰則はないが、国連や各国政府のみならず、民間の企業も協力して取り組んでいる。

これまでこうした問題の解決は、政府、ＮＰＯやＮＧＯ、公的機関などが担うものだというイメージがあった。ところが、ＳＤＧｓが策定されて、企業は主要プレーヤーとなった。この本を手に取ってくれた読者の方の周りでも、急にＳＤＧｓという言葉を経済メディアで見聞きするようになったり、上司が口にする場面が増えたりしているはずだ。

急速に広がったＳＤＧｓ、その根底には？

なぜ、いきなりＳＤＧｓが流行しているのか。地球環境が悪化し、このまま気温が上昇してしまうと人類や他の生物が住めなくなったり、異常気象によって命が奪われたりする「危機」が迫っているということもある。しかしながらＳＤＧｓは、よくある誤解と異なり、環境問題だけを扱っているわけではない。ジェンダーや教育の平等も対象だ。まちづくりや健康、福祉の分野も含まれる。

国連のコフィ・アナン元事務総長がSDGsの前身となるMDGs（ミレニアム開発目標）の導入に尽力したり、金融業界が「ESG（環境・社会・ガバナンス）」に大きくシフトして、環境や社会課題の解決を考慮した企業に投資するようになったりしたことも、SDGs普及の背景として考えられよう。本書でも説明するが、こうした動きは大きい。社会課題や環境問題に考慮することが、企業にとって単なる「慈善活動」ではなく、利益を追うための、ハードなビジネス上の戦略となっているのだ。

ただ、それだけではしっくり来ない。それが、みなさんの本音ではないだろうか。どうも根本的な説明になっていない。頭では理解できても、腹落ちしない。こういう説明を聞いても、はしごを登らされているようで、「目指しているのは、そこではないんだよな」という気分になるに違いない。

一方、ジャングルジムが好きな私は、こんなことを考えている。SDGsが急速に広まっていることの根底には、世界中の人たちが、ビジネスや消費など「経済の領域」において、「自分の価値観」をもとに行動するようになっていることがあるのではないか。私がジャングルジム型の人生において自らの心の動きを大事にしていることは前述したが、多くの人が「自分らしさとは何か」「自分が大事にしている価値とは何か」というアイデンティティを大事にし、そうした心の動きをもとに仕事、消費、ビジネスと向き合う、いわば「アイデンティティの経済」と呼ばれるものの大きなうねりが起きている。それは、たとえば次のような言葉に表れている。若い社員が雑談で口にしたり、最近の消費者がSNSに投稿したりしたもので、一度や二度は耳にしたことがあるのではないだろうか。


「僕」や「わたし」は自由に仕事をしたい。

自分の価値観と合っている職場を選びたい。

ジェンダーや環境問題のことを真剣に考えている企業の商品を買いたい。

社会課題の解決にも関わる会社に投資したい、就職したい。

住むところは、自然が豊かな場所であってほしいし、自分たちで「まちづくり」のあり方を決めていきたい——。


これらは、理想論を言っているだけなのだろうか。そんなふうに社会は動いていないよ、現実を直視しろ、とあなたは思うかもしれない。では、少し「現実」を見ていこう。

2021年の5月下旬、エネルギー業界に衝撃が走るニュースがあった。アメリカの石油大手エクソンモービルの株主総会で、小さな投資会社が推薦した「環境派」の取締役3人が選ばれたのだ。この投資会社はエンジン・ナンバーワン。持株比率はわずか0・02%だったが、「エクソン社の環境問題の取り組みの遅れが企業価値の低下につながる」として、他の有力株主が賛成にまわった。無名の会社が、巨大な石油会社を揺るがしたのだ。

日本のメガバンクの株主総会でも、環境問題に関心があるNPOや若者が参加する事例が出てきている。

「エネルギーをみんなに　そしてクリーンに」は17個あるSDGsの目標のうち7番目にあたる。多くの業界がこれまでのビジネスを大転換させ、脱炭素に向けて舵を切らないといけない時代に突入している。

相手の心を知ることから始まる

英紙「フィナンシャル・タイムズ」の東京支局長をつとめたジリアン・テットさんがエクソンについて興味深い感想を述べていた。

いわく、これまで石油業界は、環境活動家の存在を軽視していた。「変なヒッピー風の人たち」としか見ていなかった。本人たちの視点に立って、気候危機の深刻さを見つめてこなかった。だから問題の深刻さに気づいていなかった。もちろん多くの対策はしてきたが、そこには真剣さが足りなかったのではないか。

テットさんは、ケンブリッジ大学で社会人類学を専攻し、旧ソ連の一部だったタジキスタンに滞在して、結婚風土の研究をした経歴を持つ。現場の人との交流を通した「虫の目」で経済の仕組みを分析する、人類学者と記者のハイブリッドのような人だ。

私なりにテットさんの感想を解釈すれば、こうだ。

これからのビジネスパーソンは、多くの人たちの「心の中」と真剣に向き合わないといけない。

たとえば、あなたの会社の株主総会で出てきた意見には、どういう背景があるのだろうか。会社の同僚は、なぜ、あのような発言をしたのだろうか。最近の新卒社員は、何のために働いているのだろうか。取引先が会社のビジョンを変えたのはなぜか。ビジネスのルールが転換したとしたら、そのルールづくりに関わった人はどのような「心持ち」だったのだろうか。消費者は何に価値を見出して生きているのだろうか。深めるべき問いはそこにある。

あなたは仕事で出会った人に対して「なぜそう思うのですか？」と問いかけているだろうか。それは倫理の問題として、というより、ビジネスの「スキル」として。平社員であっても、管理職であっても、経営者であっても同じだ。なぜなら世界の変動にいち早く気づくのは、大企業や政府など大きな組織ではないからだ。それは、たった一人の個人の「ちょっとした心の違和感」から始まる。まずは聞く。相手の心を知ることからすべてが始まる。変化を知る。仕事に生かす。聴けよ、さらば与えられん。

お金よりも「価値観」の時代

エクソンと同じようなニュースはこれからも増えるだろう。エネルギー問題だけではない。役員の女性比率を高めるなどのジェンダーや人種の多様性（ダイバーシティ）に取り組んでいないと上場企業として認められなくなっていく。ＳＤＧｓに関する取り組みを積極的に開示する会社も増えていく。

この種の価値観が世界各地で広がるとき、ビジネスのルールが、新たに生まれる。ＥＵは「グリーン（環境）」をテーマに、投資やビジネスのあり方を次々と決めている。環境負荷がかからないようにするために、今後はどのような自動車を作るべきか。何が正しい商売なのか。そうした問いに、日本の企業は応えられるだろうか。お金だけでなく、「価値観」が力を持ち、ビジネスの方向感を決めていく。

世界の人の心の動き、みんなが何を大事に生きているのか、何に恐怖を感じているのか。そうしたことを徹底的に理解しないと、ビジネスの潮流に乗り遅れてしまう。

「日本人は特に、概念（コンセプト）を創造し、アジェンダをセットする力が弱い」。ライブドアのニッポン放送買収に関わり、現在は経営共創基盤の幹部をつとめる塩野誠さんは、そう主張している。無から有を生み出す競争が世界のビジネスの現場で起きている。

「個人的なこと」がビジネスを動かす

先ほど、私は「ジャングルジム型」の人生を歩んでいると書いた。思い切った決断をすると、あるタイプの人と出会う。「あなたの決断は間違っている。考え直したほうがいい」とアドバイスをくれる人だ。相手は自分の価値観にかなうレンズを通して私のことを見ている。

たとえば会社は辞めるものではない、とか、男性が育児をするのはおかしい、という価値観だ。そのため、まずは相手の価値観に寄り添って、それと私の決断がなぜ異なるかを説明しないといけない。骨の折れる作業だ。

一方、「どうしてそういう決断をしたのか」という質問から始まると、まずは私自身の価値観から話していいのだ、という心理的安心感が生まれる。私もハフポストの編集長時代は部下の決断に対して、まずは相手の価値観を聞くことにした。そのほうが私も新しい視点を学べて、「おトク」だからだ。

職場などビジネスの場では、これまで「個人的なこと」をオープンにすることは、控えられてきた。ところが、本書で詳しく見ていくように、消費者から株主、会社の従業員まで、個人的な価値観を露わにする動きがビジネスの現場で広まっている。それは「わがまま」とは異なる。「わがまま」は独りよがりだが、ネット社会において、個人の価値観は瞬時に他者とつながり、あっという間に、対話が始まり、共通項が見出されて、「オピニオン」へと成長するからだ。

「個人的なことは経済的なこと」

1960〜70年代、世界各国で、女性解放、環境保護、反戦、人種差別の撤廃、消費者の権利などをもとめる「新しい社会運動」が起きた。既存の政党や政治団体によって動員されるのではなく、個々人の思いをもとにデモに繰り出す人が出てきた。当時を象徴するスローガンは、フェミニズム由来の「個人的なことは政治的なこと」だった。

こうした動きは男女平等などを重大な政策と位置づけ、社会を前進させていく。

1990年代以降、冷戦の終結とともに価値観の多様化が進み、その後のインターネットの普及によって、個人が自分の思いを世界に向けて自由に発信する動きが広がった。個人の思いは、企業社会やビジネスの現場にも向けられる。先のスローガンをもじって言うなら、現代では「個人的なことは経済的なこと」であるのかもしれない。

そんな私たちはどこへ向かえばいいのか。本書は、ＳＤＧｓの光の部分にも、影の部分にもフォーカスする。ただ、きつい言い方をすれば、四の五の言わずに、すべてのビジネスパーソンはＳＤＧｓに取り組むべきだ、というのが私のスタンスだ。

企業によっては、背伸びをしないといけないかもしれない。ただ、背を伸ばそうとすれば、実際の背丈も追いつくものだ。ＳＤＧｓは、国際的なルールチェンジだ。この10年で世界のビジネスも、金融も、消費者も、環境や人権を大事にする方向へと大きく舵を切った。「日本には独自の考えがありまして……」とヘラヘラしてはいられない。

２０２１年の東京オリンピック・パラリンピックの開会式はひどかった。始まる前にＳＮＳを中心に批判された女性蔑視、容姿に対する侮辱、障がい者いじめ、ユダヤ人の大量虐殺を笑いのネタにする行為。日本は人権を軽視してきた。理想やビジョンを適当に考えてきた。デジタル社会が持つ個人のパワーの拡大を甘く見ていた。

日本の企業が掲げるビジョンは「お客様のために」など曖昧なものだった。業界や会社の「内輪の利害」を調整しながら、丸く収めることが大人の現実主義だとされた。社長の任期を考えながら、3年後の中期経営計画を立てることはできても、30年後の地球を想像したビジネスは全くできない。若い世代には、「ビジネスの世界は厳しい。甘えるな」と、マッチョな男性中心社会の思想を押しつける。しかし本当の「ビジネスの世界」ではSDGs的な変化が起きていて、甘えていたのは、その動向を見逃していた現役世代のほうだ。いつの間に世界は変わったのか。まずは、SNS社会がもたらした「本当の変化」を序章で見ていこう。

序章

SNS社会が、SDGsの「きれいごと」を広めた

校長先生の「あいさつ」のようなSDGs

まるで校長先生のつまらない〝朝礼の挨拶〟みたいだ。

国連で採択されたSDGs（持続可能な開発目標）のことを知ったとき、私はそう思った。SDGsには17の目標がある。具体的に見ていくと、目標1は「貧困をなくそう」、目標2は「飢餓をゼロ」に。ほかにも、「質の高い教育をみんなに（目標4）」、「海の豊かさを守ろう（目標14）」、「平和と公正をすべての人に（目標16）」。どれも当たり前のことだ。反対のしようがない。誰だって、貧困はなくしたいし、質の高い教育をみんなが受けられるようにしたい。海の豊かさも、守りたい。体育館にずらっと並んだ生徒たちを前に、校長先生が「夏休みは元気に過ごしましょう」と得意げに言っているように聞こえる。そりゃあ、元気に過ごしますよ、言われなくたって。毒にも薬にもならない「きれいごと」の言葉。すぐには心に響かなかった。

しかしながら、時間がたってから、こう思った。これほど「当たり前で、誰も反対しないこと」なのに、いまだに解決されていないのはなぜだろう？　貧困問題も、教育問題も、海のごみ問題も、最近になって初めて「発見」されたことではない。国連のような権威あるところで言われなくても、世界中のみんなが分かっていたはずだ。それなのに変えられない。むしろ問題は悪化するばかりだった。

それがどうだろう。これまで問題を放置してきたことがウソのように、政府もメディアも、「SDGs」の大合唱。特に大きいのは、こうした社会課題に見向きもしないどころか、問題の原因を作ってきた民間企業までもが、環境や人権問題を語り出している。一体なぜか？


この疑問を解くカギは、まえがきでも触れた「アイデンティティの経済」だ。ツイッターをはじめとしたSNSによって、普通の人が、自分の心の中の「個人的なこと」を発信できるようになった。自らの価値観を包み隠さず、開けっぴろげに世界中に伝える。「環境問題を解決したい」という熱意、「職場は働きやすいところがいい」という声、「もっと平等で公正な社会になってほしい」という希望、「自分の会社の経営者にはこうあってもらいたい」という願望。こうした思いだけでなく、今の世の中のダメなところやドロドロした感情も、率直に語られる。学生も、消費者も、社員も、社員の家族も、政治家も、みんなが個人的なことをSNSで、ひたすら喋っている。経営者も時に、その会話の輪に加わり、SNSの世論を気にする。

本書では、アイデンティティを「個人の属性、生き方や価値観にもとづく自分らしさ」

と定義する。しかも、その価値観は「他の仲間たち」とも共有できることにポイントがある。人種、組織、民族などに私たちは帰属意識を感じ、アイデンティティを形づくる。「私は日本人だ」「僕はキリスト教徒だ」というのも仲間と共有できるアイデンティティになるし、「私はトヨタ自動車の社員だ」というのもアイデンティティになり得るだろう。それに加えて、本書では「自分は地球環境を大事にしたい」「私はジェンダー平等を実現したい」というSDGs的な価値観も「アイデンティティ」だと広い意味で考える。

いま、ビジネスは、アイデンティティによって動いている。消費者は値段の安さやデザインだけでなく、「地球環境に考慮しているのか、どうか」でも商品を選ぶようになった。「衝動買い」という言葉があるように、感情によって購買行動が変わる経験は誰にでもあるが、それが信念によっても変化するようになってきた。世界大手のPR会社エデルマンは、それを「ビリーフ・ドリブン（信念にもとづく消費）」と表現した。

「ビリーフ・ドリブン」な購買者たちは、商品を買ったら、すぐにSNSに投稿する。経営者がジェンダー平等に反する発言をしたら、ツイッターでそのことが批判され、あっという間に炎上して売り上げに影響し、社員が離れる。問題提起をした人のSNS投稿には、またたく間に賛同者が現れ、同じ価値観を持った仲間ができ、自分のアイデンティティとなっていく。そのうねりが、企業を追い込む。時には株価にも影響する。SNSは、一言でいえば、「あまりにも当たり前すぎること」を素直にいう場所だ。ひねった文章は、かえって誤解を生む。複雑に入り組んだ「大人の事情」は嫌われる。深い議論なんて、成立した試しがない。誰にでも伝わる、少し子どもっぽいピュアな投稿のほうがポジティブに拡散する。堅苦しい表現や、社会的立場にもとづいた表現ではなく、「個人的なこと」を発信したほうが話題を呼ぶ。みんなが「いいね」を求めているからだ。

SNS社会の「シン炎上」

経済の場でもアイデンティティは重要になっている。校長先生の挨拶のように「誰もが大事だと思っていた」のに解決してこなかったSDGsの17の目標。それはSNS的な社会によって「きれいごと」を言いやすくなったからこそ、広まった。

「海の豊かさを守ろう」といったSDGsの日本語版の標語の作成には、大手広告代理店の博報堂の人たちが理念に共感して関わった。これまでのビジネスの現場では口にするのが恥ずかしいような、学校の道徳の授業に出てくるような言葉のオンパレードだ。それが、経営者や専門家が堂々と口にするようになった。SNS社会とは、子どもっぽいけれど、大事なことを率直に言う社会である。SNSのような技術によって社会が変わることはない。むしろ、社会が変わったからこそ、新しいテクノロジーが求められる。

ある飲料メーカーの営業担当者を取材した時、こんなことを言われた。「最近は自社のペットボトル商品のごみ問題に関心を持つようになったんですよ」。なぜなのか？　きっかけは、得意先のスーパーの店長に「お宅の会社はペットボトルの問題についてどう思っているの」と質問されたことだ。海を汚すペットボトルのごみ問題は深刻で、ＳＤＧｓの目標14の「海の豊かさを守ろう」に関わる。さらに聞くと、その店長が関心を持ったのは、スーパーの来店者が書く「お客様カード」に、そうした質問があったからだという。「お客様カード↓スーパーの店長↓飲料メーカー」という流れで、小さな「ＳＤＧｓ的世論」が波のように伝わる

わざわざお客様カードを書く人は少ない。それでも、ご丁寧にレジの近くの掲示板に、スーパーに来た誰もが見られるように、お客様カードと店側の回答を貼るのが現代社会だ。もちろん世の中にはツイッターを使っていない人もいる。しかしながら現代社会では、ツイッターであろうと、お客様カードであろうと、個人が声を上げやすくなっており、それが思わぬ力を持つという意味で、「ＳＮＳ的な社会」なのである。

序章では、自分の信念や気持ちなど「個人的なこと」の発信が好まれる現代社会の様相を描いていく。心の中をさらけだす人たちが、ビジネスの現場を変えていくのだ。

まず押さえておきたいのは、日本を代表するSNSの「ツイッター」だ。日本での月間の利用者数は4500万人。個人が複数の名前で登録していることもあるため、正確な人数ではないものの、意外に多くの人が使い続けている、というのが私の現状認識だ。ここでお伝えしたいのは、ツイッターは「働く人たちの心の中に触れるツール」として使ってみてほしい、ということだ。

パソコンでツイッターを開けば、右上の画面に「キーワード検索」という小窓がある。単に投稿を眺めているだけだと、ツイッターのアルゴリズム（情報が流れる機械的な仕組み）に沿った投稿やニュースが流れてくるだけだ。私は、この小窓に、仕事に関するキーワードをどんどん入れるということをよくやっている。日本人の働き手たちや消費者たちの「心の中」が露わになっているからだ。

「家族を養うために働いてきたので、やりがいを考える余裕がなかった。いまなら、仕事にやりがいを求める気持ちがわかる」
「嫌な上司から離れる方法は、職場を変えること」
「昔は鍋を持ってお豆腐を買っていた。（レジ袋などのごみを出さないため）便利さと環境保護が両立していた」

「コンビニのレジ袋があるのは、万引き防止のためでもある。レジ袋の廃止は、ごみの削減にはつながるかもしれないが、デメリットもある」

（※いずれも一部表現を分かりやすく修正し、投稿者の特定を避けるため、表現をぼかしたところがあります）

総務省の調査研究によると、日本ではツイッターの匿名率は75％にのぼる。アメリカの35％、イギリスの31％、韓国の31％、シンガポールの39％と比べるとかなり高い。会社や学校などの集団のルールを気にする日本人にとって、匿名のほうが「個人的なこと」を吐露しやすいのだろう。

これまで職場の悩みを受け止めて、会社に改善を促す組織といえば、労働組合（労組）がその一つだった。ところが、加入者は年々減っており、厚生労働省によると、労働組合に加入している人の割合を示す「組織率」は2019年6月末時点でわずか16・7％だ。8年連続で過去最低を更新している。理不尽な転勤命令、不十分な育児支援、さまざまなハラスメントなど職場で「おかしい」と思ったことは、むしろツイッターで訴えることができる時代だ。全国の労働組合員700万人以上のトップをつとめる「連合」の神津里季《こうづりき》生《お》会長も自らツイッターアカウントを開設し、仕事の悩みを持つ利用者とSNS上で向き合っているほどだ。

炎上は、労働組合の「ストライキ」と同じだ。少々極端かもしれないが、私はこの本で、そのようにとらえてみたい。インターネット版の百科事典ともいえる「ウィキペディア」によると、ネット空間において、不祥事の発覚や失言・詭弁などと判断されたことをきっかけに、非難・批判が殺到して収拾がつかなくなっている状況を「炎上」と呼ぶという。私は、特に企業の価値観の古さや差別的な部分が、働き手や消費者たちのアイデンティティを傷つけることにつながり、それによって批判が沸き起こる現象を「シン炎上」と呼びたい。単にふざけていたり、集団リンチのように企業や著名人を貶めることを目的としたりする「炎上」と区別するためだ。さらに、このように定義することで、消費者や従業員が声を上げることを、ある程度「評価」する視点が生まれ、本章の主題であるＳＤＧｓとＳＮＳの関係について理解を深められるはずだ。ＳＮＳはうまく機能すると、いち企業の問題を社会課題に変える。具体例を見ていこう。

ツイートに託した願い

弱い立場にある社員やその家族が、１本のツイートで大企業に異議申し立てすることができる。２０１９年、そのことを象徴するツイートが突然投稿される出来事があった。

投稿したのはある大手企業の男性社員の妻だ。男性社員は子どもが生まれたことをきっかけに4週間の育児休業を取り、復帰してたった2日目で、別の地域への約1カ月後の異動を命じられたという。

この妻は「夫が育児休業明けに転勤を命じられた」「有給も取らせてもらえず、（夫は）退職した」という趣旨の投稿を連続して行った。このことを伝えた投稿は、他のツイッター利用者の共感を呼び、あっという間にリツイート数が数万件に達した。この会社に対する批判が生まれ、「炎上」状態となった。この会社は売り上げ規模も大きく、ビジネス的には成功しているのだろうが、SDGsの文脈に照らしていえば、「働きがいも　経済成長も」という目標にそっていない会社と見られた。

会社側によると、異動の必要性は「育児休業前に判断していた」といい、対応は「適切だった」という。ここでは、この事案の詳細について、これ以上検討はしない。こうしたニュースは、一般論として、双方の主張が異なることもあり、丁寧に論じないといけないからだ。人事異動や転勤はさまざまな要素が複雑にからみ合っている。ここで考えたいのは、あくまでケーススタディとしてのこうした事案だ。これまで「泣き寝入り」せざるを得なかった可能性のある社員やその家族がSNSによって会社の主張に対抗できる、という現象として考えてほしい。

厚生労働省によると、日本の男性育休取得率は12・65％にとどまっている。日本企業では、男性社員が職場を一時的に離れて育児をすることへの抵抗感が大きいのが実情だ。一方、さまざまな調査や資料を見ていくと、男性社員自身は子どもが生まれたら「育児をしたい」と希望していることが分かる。「女性が家事や育児を行い、男性が仕事をする」という夫婦観を持つ人も年々少なくなっている。

大企業につとめていた社員の妻によるこの投稿に共感が集まったのは、現代の働き手たちの新しいライフスタイルや価値観を認めない日本企業の古い体質に、多くの人が嫌気がさしていたからだろう。

このツイートが投稿された当時、私もSNS上の議論をずっと追いかけていた。悪質な誹謗中傷をかきわけながら、1本1本のツイートを見ていくと、そこには、「夫婦で共に育児を行い、理不尽な転勤命令でライフスタイルを壊されたくない」という働き手たちの価値観というか、もっといえば一種の「アイデンティティ」に関わる大事な問題を訴えかけようとする悲痛な叫びが見て取れた。単なる炎上では片付けられない「何か」があった。

背景には「アイデンティティ」

こうした「シン炎上」は、労働組合のストライキに似ている、と私は先ほど書いた。たとえば、働く社員を大事にしないブラック企業があったとする。無理に残業をさせたり、育児休業の後に急な転勤をさせられたりしたら、それらの行為は即座にSNSにさらされ、「労働者の権利は守られるべきだ」という価値観を持つ消費者からそっぽを向かれる。消費者を引き付けようと思ってつくった広告に、仮に女性差別的な表現があれば、ジェンダー平等を実現したいと思う誰かがnoteなどのネットサービス上の文章で指摘し、企業は謝罪に追い込まれるだろう。衣類や食品の生産工場で、強制労働や人権侵害が発覚すれば、ネットでの公開質問状を通して糾弾される。誰かが英訳すれば、海外に広まる。

時には不買運動につながることもある。私の周りでも、企業トップによる差別的な発言が目立つ化粧品メーカーのクリームをすべて捨てて、その会社の商品は買わなくなったという30代の女性会社員がいた。このメーカーの商品を使うことは、自らのアイデンティティにそぐわないと感じているのだろう。

アイデンティティの視点を経済学に取り入れた「アイデンティティ経済学」は、経済学者のアカロフ氏（2001年のノーベル経済学賞を受賞）とクラントン氏が唱えたもので、注目されている（第三章で詳しく論じる）。環境、ジェンダー、人権などの視点で企業を批判し、一人ひとりの購買行動にまで影響を与える動きは何も新しいものではない。消費者運動自体は、終戦直後から始まっている。

しかしながら、5年以上ネットメディアの編集長をつとめ、ネットの発展とともに、炎上の移り変わりを見ていると、アイデンティティに根ざした「シン炎上」が、2020年代前後から、より目立ち、共感を得やすくなり、ビジネスに少なからず影響を与えていると痛感する。

ところで、アイデンティティという言葉は「自己同一性」と訳される。「私はこういう人間だ」と自己了解する、一人ひとりの個性のようなものだ。たとえば、筆者である私自身のアイデンティティを明かせば、日本人の男性であり、キリスト教を信じる立場だ。この本では、いま私が明かしたような、人種、性別、宗教だけでなく、「私は会社員だ」「フリーランサーだ」といった個人の職業、「環境問題を大事だと思っている」など社会課題に対する個人の立場、「トップダウンではなく、ボトムアップの自由な社風の職場で働くことが自分らしいと思っている」など個人の職業観も含めた「深い価値観に根ざした人格」を指す言葉としてアイデンティティという言葉を使う。

ネット発の企業批判

ここで、アイデンティティにもとづいて企業への異議を申し立てる「シン炎上」を考えるために、インターネット上で企業がどう批判されてきたのか、その歴史を少し振り返っておきたい。

1999年、インターネット上の「消費者運動」の歴史に残る出来事があった。東芝クレーマー事件と呼ばれるものだ。「ビデオデッキの不具合について問い合わせたら暴言を浴びせられた」として、福岡市の男性が、東芝のアフターサービスの対応を録音した音源をホームページ上に公開。アクセスが殺到して大きな話題となり、東芝側は釈明に追い込まれた。企業側から見たら「クレーマー事件」だが、消費者側からしたら、これまでブラックボックスになっていた顧客対応のまずさを、ネットでオープンにすることで、大企業とも対峙できるようになった「ネット消費者の時代」に突入したことを意味する。

この東芝クレーマー事件の評価はさまざまだが、インターネットの発展とともに、企業が消費者に監視されるようになり、問題があれば、ネット文化で言うところの「さらされる」ようになってきたのは間違いない。

同じ年の1999年にインターネット掲示板「2ちゃんねる」が開設され、ツイッターやフェイスブックなどのSNSは、2000年代に日本を含む世界中でサービスを本格化させる。2010年代前半に入ると、私の印象では、ツイッター上の「炎上」といえば、いわゆる「バカッター」の事案が目立つようになった。「バカ」という言葉と「ツイッター」を組み合わせたネット上のスラングだ。コンビニでバイトをする若者がアイスを陳列する冷蔵庫に入ったり、ファーストフードの店員が食材の上に横たわったりした写真をツイッターで公開し、問題となった。店に来るお客さんにとっては口に入れる食べ物の衛生面に関わることだけに批判が殺到したが、どちらかというと店側は被害者としてとらえられることも少なくなかった。実際に営業停止に追い込まれた店舗もあった。

2018年1月に発売された『広辞苑』(第七版)では、「炎上」という言葉に「インターネット上で、記事などに対して非難や中傷が多数届くこと」という定義が初めて加わる。2010年代に入ると、企業広告の炎上がメディアに大きく取り上げられるようになっていく。

2015年には、あるファッションビルのPR動画に、男性社員が女性社員の容姿をからかうシーンがあって、大きく批判された。2016年には女性を養殖うなぎに見立てた自治体の動画が制作され、炎上した。2016〜17年には母親1人が育児をすることを無自覚に肯定していると見られるおむつのPR動画が発信され、女性の役割に対するステレオタイプが厳しく指摘された。

いずれも、女性の社会的立場を無意識にであれ低いものと見なしたり、性的な対象として描いたりしたほか、育児や家事を担う唯一の存在だという偏見に根ざしていた。「ジェンダー平等」はSDGsの目標5にあたり、日本が国際的に特に遅れている部分だ。

私自身もこうした一連のPR動画には大変な怒りを感じ、妻と何度も食卓で話題にした。「まえがき」で書いたように、私たち夫婦は長男が生まれた2008年春、20代だった私が育児休業を4カ月間、取った（前述した大企業の「育児休業後の転勤命令」に強い関心を寄せたのも、そのためだ）。当時の男性の育休取得率は2％未満で、「なぜ男性が育児をするのか」「妻は育児の役割を放棄しているのではないか」と直接言われることもあった。その頃から現在まで、私たち夫婦は共に働き、分担して育児と家事を行っている。

こうした自分たちの価値観とは真逆のメッセージが企業から平然と発信されるたびに、嫌な気持ちになった。男尊女卑的な考えが依然として日本に残っている現実に改めて気づき、この社会で生きていくための自分たちのアイデンティティを傷つけられたとさえ思った。

それは、企業側やPR動画制作者らの「ちょっとしたミス」というより、現代を生きる私たちの価値観に関わる、社会の深いところに根を張っている決定的で重大な欠陥であるように思えた。私はハフポストでも、記者たちに積極的な取材を呼びかけ、さらに東京大学でシンポジウムに登壇したり企業の幹部に直接語りかけたりして、日本企業に変化を促そうとした。

日本のビジネス、停滞の理由

こうした「企業と消費者の価値観のズレ」は、何も広告に限った話ではない。次は、議論をマクロな視点に少しだけ移し、特に日本企業がグローバル社会から取り残されている原因ともなっている、現代を生きる消費者との価値観の「ズレ」について検討していきたい。

現在の日本経済は「失われた30年」と呼ばれる足踏み状態にある。アベノミクスによる景気浮揚はあったが、今後の見通しは不透明なままだ。かつては世界の企業の時価総額ランキング上位に、NTTやトヨタ自動車、住友銀行などの日本企業が名を連ねていた。「ジャパン・アズ・ナンバーワン」と言われていた時期もあった。2020年代において、日本企業の名はトップ20位以内にも入っていない。数十年前のランキングを見ると、すでに社名が消えてしまった企業もある。一方、現在、ランキング上位にいるのは、グーグル社やアップル社などGAFAと呼ばれるアメリカの企業や中国の新しいIT企業だ。

なぜこうなったのか。ネットを検索し、書店をのぞくだけでも、そこには多くの「分析」があることだろう。たとえばGAFAは、終身雇用や年功序列にもとづく慣習が残る日本企業と違って、若い世代が活躍していることを強調する識者がいる。私もGAFAの本拠地のシリコンバレーに住んでいたので、身をもって実感するが、Tシャツ姿の社員たちが、会社ではなく「キャンパス」と呼ばれる空間で仕事をして、古い文化にとらわれず、世の中があっと驚くアイデアを生み出し続けている。その姿はどこか爽快ですらある。

一方の日本は、さまざまな壁によってイノベーションが阻まれている。霞が関の全省庁のファクス廃止がなかなか進まないことはその象徴だろう。日本には良い人材がたくさんいるにもかかわらず、「ちょっとしたこと」が変えられない。個人の家計も投資マネーに流れていかない。ここ30年間、いくつかのベンチャー企業が出てきたが、GAFAのように、世界のビジネスを根本から変えてしまい、経済界の勢力図を塗り替えてしまうような、真に新しい企業や起業家は、日本では、あまり生まれていない。

こうしたことは話し出すと止まらないし、日本のビジネスが伸び悩んでいる理由として、さまざまな解説がなされているが、私は何より「消費者のアイデンティティ」に訴えかけるような商品やサービスを日本企業が生み出してこなかったことに大きな原因があるのではないか、と見ている。

消費者の「心」をつかんだiPhone

iPhoneで有名なアップル社の歴史的なCMがある。1984年、画期的なパソコンであった初代マッキントッシュが発売されたとき、同社は、画面を駆け抜ける女性がハンマーを投げつけ、目の前の巨大スクリーンを壊すCMを流した。当時、支配的だったパソコン大手のIBMを「巨大権力」ととらえ、それに立ち向かう企業として消費者に強烈な印象を与えた。今でもYouTubeなどの動画サービスで何度も再生されている「伝説的な」動画だ。

それから20年あまり。アップルはiPhoneで消費者の心をつかむ。当時、CEOだったスティーブ・ジョブス氏は高らかに宣言した。これは単なる携帯電話ではなく、個人に自由を与える「魔法の機械」なのだ、と。

世界各国の人たちが、彼の思いを熱狂的に受け入れた。iPhoneがあれば、政治家や企業のトップではなく、普通の「個人」だとしても、世界中の情報が手に入り、地球の裏側の人とつながることもできる。クリックひとつで、好きな服や家具、食料品を買うこともできるし、転職活動も行える。既存の権威をあてにせず、個人の力を信じるような現代の消費者の「アイデンティティ」に訴えかける商品だった。iPhoneという商品名の頭に付く「i」が象徴的だ。「i」には、インターネット（internet）、インディビジュアル＝個人（individual）など複数の意味があるとされるが、「僕」や「わたし」を表す一人称である「i」に通じるところもあり、何とも不思議なネーミングだ。

アップルと並ぶGAFAの雄であるグーグル社のことを、検索エンジンをつくっているだけの会社だと考える人は少ないだろう。同社は、世の中のありとあらゆる情報を整理したうえで並べ替えてみせ、それらを誰に対しても平等に提供することで、ある意味「民主的な世界」の体現者であるかのような企業ブランディングを続けてきている。商品の性能だけでなく、消費者のアイデンティティに訴えかける企業なのだ。

そのGAFAですら、アメリカの消費者や司法省から、個人情報の管理をめぐる疑問や市場独占の問題を指摘され始めた。個人の自由と公平さを重んじる欧米人にとって「古い会社」とも映るようで、アメリカの大統領選挙ではGAFA分割論まで出てきたほどだ。

そうしたことを受けてか、最近は経営トップから「価値観」をめぐる発言が目立つようになった。マイクロソフトのサティア・ナデラCEOは「ビジネスやプロダクトの成功は、人間の尊厳や基本的な品位と交換することはできない」と語り、さらにGAFAのあとを追う大手ITのセールスフォース・ドットコムのマーク・ベニオフCEOが女性やマイノリティを重んじる施策を打ち出したりするなど、「価値観」をめぐる競争が終わることはない。

ガソリン車か、「環境に優しい」車か？

こうしたことを意識している日本の企業はあるのだろうか。

たとえばトヨタ自動車は日本を代表する企業で、グローバル市場で勝負している数少ない企業であることは間違いない。豊田章男《とよだあきお》社長は車好きで知られ、ドイツの24時間耐久自動車レースに自らハンドルを握って出場する。ただ、ここに私は、価値観をめぐる重大なギャップを感じてしまう。豊田社長からは、ガソリン車に代表される自動車が持つ「泥臭い」ロマンは感じられるものの、今の消費者のアイデンティティとはズレていると私には感じられるのだ。

再び世界の企業の時価総額ランキングを見ると、トヨタ自動車は30位台に入っている。一方、時価総額のトップクラスに位置するのは、アップル社だ。そのアップル社は、携帯電話やパソコンだけでなく、近い将来、電気自動車（EV）の製造にも乗り出すという見方がある。自由を大事にして個人の力を信じるような「現代の消費者」のアイデンティティを刺激し、ビジネスで成功してきた同社のことだ。消費者の新しい価値観にそった「車」をつくるのではないかと、マーケット関係者から大きな期待が寄せられている。

SDGs（目標7の「エネルギーをみんなに　そしてクリーンに」や、目標13の「気候変動に　具体的な対策を」等）の広がりを持ち出すまでもなく、最近の消費者は環境問題に敏感だ。ガソリン車と比べて環境負荷が少ないとされるEVは、そうした現代的な価値観に合っている。もちろん実際のEVの「効果」には議論の余地があるだろうが、トヨタがつくる自動車に乗るより、アップルがつくる車に乗るほうが、自分のアイデンティティに合致すると考える消費者も少なくないのではないだろうか。

豊田章男社長は、世界的に進む社会の「脱炭素」化に警鐘を鳴らす論客としても有名だ。欧州を中心に進む環境対策シフトは必ずしも日本経済にとってプラスにはならないのではないかという問題意識を持つ。2021年3月11日の会見では記者団に対して、「車がすべてEVになればいいという単純なものではない」とクギを刺したことも話題になった。自動車業界は、国内約550万人が働く日本の主要産業でもあり、こうした雇用問題や日本のエネルギー政策とセットで考えないと、EV化によって失われるものも大きいと考えているのだろう。こうした主張に一理はある。

そもそもエコカーには、EVのほかにハイブリッド車（HV）がある。複数ある技術をどう評価するかは、その国のエネルギー事情や導入時期によって変わる。現時点では欠点も多いと見られるEVよりもHVのほうが「現実解」だと考えてきたのが日本のメーカーだ。一方、SNS的な社会は〝せっかち〟だ。シンプルでスピード感のある解決策を好む。消費者や各国の規則が一気に変化して、HVにこだわっていた日本企業は置いてきぼりを食いかねない。

若い世代に支持される広告を多数手がけてきた、クリエイティブディレクターの辻愛沙《つじあさ》子《こ》さんは「買い物は投票行動だ」という言葉をよく口にする。この言葉はさまざまな人によって使われているが、現代の消費者の意識をよく表していると思う。

ここまでは、広告や企業姿勢のあり方に対して、消費者や働き手をはじめとした現代の「経済人」たちが、ツイッターなどSNSで声を上げ、時には「シン炎上」を呼び起こす現象を検証してきた。それは次世代の「ガソリン車離れ」のように、気づかないうちに企業にNOが突きつけられ、あっという間にビジネスに大きな打撃を与えていく。

序章の最後では、さらに議論のスコープを広げて、こうした個人の現代的な価値観が経済システムに深く浸透し、「アイデンティティ経済」とも呼ばれる世界が出現しつつある様子を描いていきたい。価値観に目覚めた個人が声を上げるのは、SNSを通して、だけではないのだ。

株主総会に参加したZ世代

「物言う株主」という言葉が一気に広がった時期がある。2000年代に、元通産官僚の村上世彰《よしあき》氏が代表をつとめる「村上ファンド」を通して阪神電鉄や松坂屋などの株を買い占め、歯に衣着せない発言で話題となった。日本企業においても、外資系企業を巻き込んだM&A（企業買収）が進み、株主総会で投資ファンドなどが取締役候補を提案したり、配当を増やすよう要求したり、効率が悪い投資を控えて本業に集中するよう伝えたりするなど、経営に意見することが珍しいことではなくなった。

最近、そんな株主総会に私は注目している。若者らが企業の株主に加わり、環境問題に対する会社の姿勢を問いただすようになったのだ。今の「物言う株主」は、Z世代というわけだ。

2020年6月、日本のメガバンクの一つである三菱UFJフィナンシャル・グループの株主総会に、大学4年生（当時）の鈴木弥也子《やゃこ》さんが参加した。日本の金融機関が、石炭火力発電に融資を続けていることを問題視し、経営陣が環境問題に対してどういう考えを持っているか聞くためだ。会場に向かう電車の中で鈴木さんは、質問の練習をした。総会では当てられなかったが、株主総会で「声を上げる」ケースは増えていくだろう。「まえがき」でも触れた、アメリカの石油大手のエクソンはその例の一つだ。

実際、日本の環境NGO・NPO「気候ネットワーク」は、みずほフィナンシャルグループに株主提案権を行使して、温暖化防止をすすめるパリ協定の目標に整合した投資戦略を開示するよう定款変更を求めた。結果的に否決されたものの、海外の投資家からの賛同を得るなど支持は広がった。三菱UFJフィナンシャル・グループは2021年5月に「カーボンニュートラル宣言」を発表。新興国における気候変動対策インフラファンドへの出資も決めた。銀行は、取引のある企業のビジネス支援を行う。そのため、金融機関が変われば、SDGsやESGが一気に他の企業にも連鎖的に広がる。

特にZ世代と呼ばれる若者にとって、環境問題は自分の人生に関わる大きな価値観の一つだ。「個人」が自らの価値観にもとづいて、NGOやNPOを巻き込み、株主提案や企業への公開質問状を通して、日本経済に一定の影響力を及ぼす例も出てくるだろう。

SDGsという共通言語

2020年、130年の歴史を持つ任天堂が女性の社外取締役を置いた。資産運用会社「フェデレーテッド・ハーミーズ」の鈴木祥《さち》さんが、企業が社会課題や環境にどれだけ取り組んでいるかを基準とする「ESG投資」の観点に立ち、会社のダイバーシティ（多様性）を促すための助言をしたという。このニュースを私に伝えてきたのは、戦前から続く、ある大手老舗企業の人事担当幹部である。「面接や会社説明会で学生から、SDGsの質問が増えた。特に『幹部の女性比率』について聞かれるようになった。そのため、業界が異なる企業の動向でも関心を持って調べている」という。

こうしたSDGs系の話題は、これからのビジネスパーソンにとって日々の会話のテーマになる。周りの人に聞かれることも増えるだろう。そのため、誰もが事前に回答を準備するようになり、そして、その答えを聞いた人がまた他の誰かに伝えることで、あっという間に広まっていく。だから、SDGsは侮れない。みんなが、きっと誰もが関心を持っているに違いないと「予測」することで、さらに関心を持つようになり、その様子を見た誰かが、「やっぱり流行っているんだ」と感じて、無限ループのように、また会話が始まる。SNSの流行のキーワードのように、短くて、カラフルなロゴマークが特徴のSDGsには共通言語としてのパワーがあるのだ。

世界の投資マネーが「ESG投資」に

SDGsと切っても切れない関係にある「ESG投資」は、世界の運用資産の3分の1を占めているとされる。社会課題をビジネスチャンスと考えている企業に投資マネーが流れ込んでいる。企業は、いわば「資本主義の論理」によって、女性役員を増やしたり、気候危機への取り組みを強化したりしている。日本でも、スチュワード・シップコード（機関投資家の行動指針）やコーポレートガバナンス・コード（企業統治指針）が広まり、社会課題を解決する力など「非財務情報」が企業の強みになってきている。

ノーベル経済学賞を受賞したミルトン・フリードマン氏が、「ビジネスの社会的な責任は利益の増大である」という論考を発表したのは1970年代のことだった。

そうしたお墨付きもあり、企業が売り上げを増やし、利益を出してこそ社会に貢献するという考えは、ビジネスの基本とされてきた。環境や格差など社会的な課題に取り組むのは政府や慈善団体であり、企業は株主利益を最大化することが善とされた。資本主義経済のグローバル化とともに、これが世界標準の考え方の一つとなった。もちろん、「CSR（企業の社会的責任）」や「メセナ（企業の文化的支援）」という言葉が流行ったこともあったが、多くが本業で得た利益のうち「余った分」を文化活動や環境保護にまわす「慈善事業」のような意味合いが強かった。しかし今では、企業が本業を通じて社会課題の解決に取り組み、人権や平等など普遍的な価値観にコミットし始めている。

どうしてこういうことが起きているのか。ESG投資の流れは、これまで私たちが見てきたような「消費者が自らのアイデンティティにもとづいて行動し、企業に変化を促す」流れとは少し毛色が異なる。それには国連が2006年に、機関投資家向けに提唱したPRI（責任投資原則）の影響が大きい。そこでは六つの原則が掲げられ、機関投資家は投資先の財務情報だけでなく、環境や社会課題などESGにかかわる問題に取り組んでいるかどうかも考慮して投資行動するよう求めていた。

そもそも、機関投資家には大きな責任がある。資産をきちんと運用して、資産を預けてくれた人の利益を増やすことだ。もし環境や社会のことばかりを考えて、損をさせてしてまったら本末転倒だ。ところが、PRIの賛同者が増えるのと並行して、ESGを意識した企業のほうが、再生エネルギーの拡大などの変化に対応できると判断され、企業価値が高まってきた。そのため、ESGを無視しては投資判断ができなくなったのだ。

ESG投資については、20世紀前半にキリスト教会が、アルコールや賭博関連の企業を投資対象から外したことをその始まりとする見方もある。ところが現代のESGは、企業価値や利益を重視するからこそ、急速に広まっている。言うまでもなく、金融では信用が大切だ。その信用は、各種情報から築かれる。SNS社会とは、情報がダダ漏れする社会だ。環境問題に取り組む新しいビジネスやジェンダー平等への企業の取り組みなどの評判は、ネットを通じてあっという間に広がっていく。NGOも、株主提案権を行使して企業にモノを言い、ネットで公表する。それに対応できる企業は将来性が期待できる。投資家はこうしたことも判断材料に入れる。市民の価値観と、シビアな経済合理性が絡まり合い、大きな力となって企業を動かす。ESGやSDGsは「きれいごと」だ。だからこそ市民やNGOも、そこでの議論に加わりやすい。こうして異分野同士がスピーディにコミュニケートしていく。まさにSNS社会ならではのダイナミズムだ。

グレタ・トゥーンベリさんの衝撃

本章の最後では、世界の経営者たちに衝撃を与えた、スウェーデンの環境活動家、グレタ・トゥーンベリさんの活動を振り返る。

グレタ・トゥーンベリさんは2018年8月、スウェーデンの国会議事堂前で、「学校ストライキ」を始めた。当時15歳。若者たちの圧倒的共感を呼び、日本を含む160カ国以上で400万人が参加する大規模なデモにつながった。あまり知られていないが、彼女はその半年前に起きたアメリカのフロリダ州の高校での銃乱射事件を受けて授業をボイコットした高校生の運動に大きく触発されている。個人の「思い」など、心をベースに盛り上がる社会運動は、別の誰かの心を動かし、まるで「感染」するように伝播していく。そうしたことは歴史のさまざまな舞台で起きてきた。

彼女の名前が日本でも広く知れ渡るきっかけとなったのが、2019年9月にニューヨークで開かれた国連気候行動サミットだ。日本からは、新大臣として期待を寄せられた小泉進次郎環境大臣が参加し、マスコミの注目度も高かった。二人とも、SNSで誰もが話題にしたくなるような「アイコン」としての力があるというのもポイントだった。

このサミットでグレタ・トゥーンベリさんは、気候危機に対する警告が科学者たちから発信されてきたにもかかわらず、政治家やビジネスリーダーたちが見て見ぬ振りをしてきたことを批判。「あなたたちは私の夢や子ども時代を、空っぽな言葉で奪ってきた」「あなたたちはお金の話や、終わりなき経済成長のおとぎ話ばかり（をしてきた）」と印象的な言葉を次々と残し、「よくもまあ、そんなことを（How dare you）」という、ネットのスラングで言うところの「パンチライン（SNSで拡散するような、短くて決定的な言葉）」を発した。

グレタ・トゥーンベリさんは、それから数カ月後に開かれたダボス会議（世界経済フォーラム）でも注目を浴びる。この2020年1月のダボスでグレタ・トゥーンベリさんは、化石燃料への投資や補助金拠出をやめるよう提案し、「空虚な言葉や約束は沈黙より悪い」と発言した。こうした言動と呼応するように、このときのダボス会議では環境問題も取り上げられた。アメリカのIT大手のセールスフォース・ドットコムのマーク・ベニオフCEOは「私たちが知っている資本主義は死んだ」と討論会で言い切り、司会をつとめた世界経済フォーラムのクラウス・シュワブ会長は「株主資本主義の葬式にいる気分だ」とまで表現した。株主だけでなく、社員、地域社会、地球環境など多くの関係者に貢献するビジネスを目指す「ステークホルダー資本主義」が広まっていることを印象づける重要な会議となった。

グレタ・トゥーンベリさんの活動に共感し、日本でも環境保護活動を続ける若者と、私は1時間以上語り合ったことがある。この若者がこう言った。

「グレタ・トゥーンベリさんの激しい言葉は、まるで世界のエリートたちを『炎上』させたようだった」

中国で開かれた「夏のダボス会議」に私も参加したことがあるが、ここで壇上にあがる人たちは、極めて洗練された言葉を注意深く発し、古い意味での「炎上」などすることはない。しかしながら、まさにそうしたエリートたちの「すました態度」を批判し、地球環境のために今すぐに行動しないといけないという自らの信念にもとづき、そして何より自分が自分であるために、全身全霊を賭けて心の底からの声を発したのがグレタ・トゥーンベリさんだった。

グレタ・トゥーンベリさんの国連スピーチは、多くのメディアがSNS向けに動画を編集し、自社メディアのツイッターで流した。どれも数十万件の視聴があり、次々と拡散され、どんどん広がっていった。私は、SDGsについてボランティアで教えるため、東京都のある小学校を訪ねたとき、スピーチの動画を教室で流したことがある。SDGsについて知らない小学3年生の児童も、直感的に「地球に大変なことが起こっている」と分かるほどだった。理屈や論理を超えて、感情をベースに訴えていたからだろう。グレタ・トゥーンベリさんはSNS社会向きの資質を多く備えている。

「個人の声」に気づいた経営トップ

「今まで注意して見てこなかったようなノーマークの『空白地帯』から突然声を上げてきたのが、グレタ・トゥーンベリさんだった。古いタイプの政治家や企業経営者と異なり、心で訴えてきた」

ダボス会議の常連として知られる、日本のある組織のトップと話していたとき、そう漏らしたことを覚えている。これまでダボス会議はおよそ50回開かれ、世界各国の政財界の指導者を集め、グローバルな課題を網羅的に話し合ってきた。ところが、グレタ・トゥーンベリさんという、まったく想定外の10代の女性の言葉がメディアの話題をさらい、会議の方向性も決定づけてしまったという。

その結果、企業経営者たちは、ダボス会議の「外」の人たちの声をもっと聞くようになったそうだ。グレタ・トゥーンベリさんのスピーチ動画をネットで見た自分たちの子どもや孫の世代、会社の若い社員やこれから入社してくる若者たち、そして消費者でもあるZ世代たち。ダボス会議に参加したある男性は、現代社会にはさまざまな「個人」がいることに否応なく気づかされ、その「心の叫び」に触れるようになり、反省を促されたという。

「ダボス会議に参加したり、経営者や学者と議論を重ねたりしてきたつもりだったが、たくさんの見知らぬ『個人の声』を自分は見落としていたのかもしれない」

グレタ・トゥーンベリさんは環境への負荷を考えて飛行機を使わず、ヨットで移動する。そうした極端な行動についていけない、という人もいるだろう。だが、当時のスピーチを聞いて「グレタ・トゥーンベリさんは感情的だ」と切って捨ててしまう人がいるとすれば、大事なことを見落としてしまう。本書をここまで読み進めてくれた読者なら、そのことは分かってくれるはずだ。

なぜなら、これまで見てきたように、消費者も働き手たちも、多くの「経済人」たちが自分の感情や価値観を重んじ、アイデンティティに即した行動を取るようになっているからだ。冷戦が終了してから30年以上がたち、日本社会の進む道は曖昧なままだ。経済が伸び悩むなか、自分たちが働いている会社がどのような価値観を大事にして経営を行っているかは、多くの人たちにとって関心事となっている。給料や会社内の出世はもちろん大事だが、自分の会社のトップがジェンダー平等に理解がなかったり、環境問題に関心がなかったり、社会課題を解決しようというメッセージを全く発しなかったりしたら、社員のモチベーションは下がり続けるだろう。少なくとも、私は5秒後に転職の準備を始める。

SDGsが掲げるジェンダー平等、貧困や教育格差の解消、働きがいの追求、環境問題の解決。さまざまな価値観がビジネスの領域に流れ込み、あるべき理想が語られ、これまで見て見ぬ振りをされてきた社会問題に対して、企業がコミットすることが求められている。個人的なことが、経済的なことなのだ。

個人から発せられる「よき地球市民」としての価値観が「モラル・パワー」（船橋洋一『地経学とは何か』文春新書）につながり、国際ビジネスの論理と衝突することも増えていくだろう。温暖化が進めば、2050年までに北極の氷は溶ける。ロシアの北側の北極圏を船が通りやすくなり、欧州とアジアの運輸が活発になる。ビジネスチャンスも生まれる。しかし、温暖化によって「便利になった」航路を喜んで使うべきか。船の行き来が増えれば、北極圏の生態系に影響を与えるかもしれない。海面の上昇により、世界各地の海岸地域で高潮のリスクが高まる可能性もある。ビジネスリーダーたちは、この問いにどう答えるか。

個人は多くの顔を持つ。単なる「消費者」など存在しない。店に足を運んだりネットサーフィンで商品を吟味したりする人たちは、何らかの感情を持って買い物をする。その同じ人が、仕事時間になれば「会社員」だったり「フリーランサー」だったり、スマホで株のやり取りをする「投資家」だったりするが、生身のむき出しの個人として動き出す場面がこれからますます増えていくのだ。「シン炎上」の広まりは、その変化を表している。

第一章

SDGs時代の「市民」たち

ＳＤＧｓ時代を読み解くカギ

序章の最後では、スウェーデンの10代の環境活動家グレタ・トゥーンベリさんについて考えてみた。彼女のような存在が自らのアイデンティティを賭けて、ＳＮＳで声を上げるのが現代社会だ。若者であろうが、シニアであろうが関係ない。政治問題だけでなく、消費者としても、企業の商品やサービスに対して声を上げる。品質、値段、デザインだけではない。環境や人権問題、ジェンダーなどＳＤＧｓに関する企業側の「価値観」に対しても批判的な目が向けられる。ビジネスなどの経済活動において、企業と消費者側の「アイデンティティ」をめぐる動きが決定的に重要になる。それがＳＤＧｓの時代を読み解くカギなのだ。

もちろん、いつの時代も若者らは怒りの声を上げて社会を動かしてきた。消費者運動にも長い歴史がある。１９６０年代から70年代にかけて盛り上がりをみせた学生運動で用いられたチラシや拡声器が、ツイッターやインスタグラムなどのＳＮＳに変わっただけともいえる。「デジタル時代になって、誰もが声を上げられるようになった」。そんな言葉は読者も聞き飽きているだろう。

この章では、そういう視点にとどまらず、もっともっと深掘りしていく。声を上げる人たちを、「SDGs時代の市民」(以下、SDGs市民)と位置づけ、これからの企業と個人の関係を考えるうえで、大きなポイントとなる二つの点を検討することから始めたい。

「SDGs市民」からの「無限の視線」

まず1点目は、SDGs市民たちが企業に向ける視線が「無限である」ということだ。「会社は社会の公器」という言葉があるが、企業は多くの外部の目にさらされる存在だ。たとえば、株主、メディア、消費者団体などがすぐに思い浮かぶ。最近だと、企業の不祥事の反省から、コーポレート・ガバナンスという言葉が広まり、会社の経営をチェックする社外取締役や監査の存在感が高まっている。金融庁や消費者庁など行政機関も企業を監視する。

加えて、SNSの普及によって、これまで想定していなかったような市民たちの「視線」が生まれた。どのような企業であっても、海の向こうの若者から、自社の商品について「環境に悪い」とツイッターで批判されることが、理論的にはいつでも起こり得る時代だ。女性を差別的に描くCMを流せば、スマートフォンで録画され、あっという間に国内外に拡散されて炎上する。こうしたことが日常茶飯事になり、あたかも無限に「視線」が増殖していくかのようである。「会社は誰のモノか」という議論が2000年代の日本で盛り上がったが、2020年代の今は、あたかも「会社はみんなのモノ」になったかのようなのだ。しかも、「みんな」の範囲は、無限に広がる。

2点目のポイントは、そうした無限の視線を注いでくる「SDGs市民」が、どこの誰であり、いつ、いかにして声を上げるのかが分からないという点だ。SNSによって企業の行動が可視化され、多くの人たちから見られるようになった。それまで友達と美味しいカフェの話をしていた若者が、ツイッターで流れてきた企業の不祥事のニュースを知ったとしよう。瞬時に、そのことを本人がウェブサイトで調べ、突然声を上げるだろう。まるで株主などの「ステークホルダー（利害関係者）」のように、会社側と対峙する。こんなことがあっさりと起きてしまう。あえて企業側の立場に身を置くとすれば、SDGs市民たちは〝不気味な〟存在だ。

「NO YOUTH NO JAPAN」

本章ではSDGs市民の一人として、能條桃子《のうじょうももこ》さんを取り上げる。彼女は今、23歳の大学院生だ。インスタグラムで政治ニュースなどを発信して若者に投票に行くように呼びかける「NO YOUTH NO JAPAN」という活動を主宰している。

そんな彼女があるとき、日本を代表する巨大企業に公開質問状を出して厳しく批判した。

なぜそのようなことを行ったのか。彼女は次世代の環境活動家なのか。それとも普通の、どこにでもいるような20代なのか。答えは、どちらでもないし、どちらでもある、だ。どういうことだろうか。能條さんの軌跡を追いかけてみよう。

　能條さんが社会問題に対して行動するきっかけとなったのは、21歳のときにデンマークに留学したことだった。

　デンマークは国政選挙の投票率が80%を超える。政治について話をしても、日本のように「意識が高い」と揶揄されない。現地の若者たちは、政党の主張の違いや政治家の名前について知識が豊富で、政治のことを普通に話していた。学校の先生も、自分の支持政党のことを教室で話す。

「日本では教育現場で政治の話をすることは、中立性の観点からあり得ない」。能條さんがそのように伝えると、「それは生徒を舐めすぎじゃない？　生徒は先生の発言も『意見の一つ』としか考えない」という答えが返ってきたという。

　能條さんは、留学中に「NO YOUTH NO JAPAN」を立ち上げる。写真や動画を共有するＳＮＳ「インスタグラム」で、政治に関する情報を発信するためだ。デンマークと同じように、日本に住む若者にも政治に関心を持ってもらいたいという思いがあった。当時、日本では２０１９年夏の参院選が近づいていた。能條さんは、選挙の仕組みなどを分かりやすくイラストで解説して、若者の投票を促した。若者の投票率はそこまで上がらなかったが、活動に手応えを感じた。帰国後も、「NO YOUTH NO JAPAN」を続けた。政治だけでなく、広く国際問題や社会問題などについても発信し、フォロワーが数万人という、幅広い世代が見る人気のアカウントだ。

そんな能條さんが2021年1月5日、ある行動に出る。仲間たちと一緒に、三菱商事などに公開質問状を出したのだ。「ブンアン2」というベトナムの石炭火力発電所の計画に疑問を投げかけたものだ。石炭火力は温暖化の主要因でもあるため、環境団体から国際的に批判されている。三菱商事だけでなく、日本のメガバンクや国際協力銀行も関わっていた。そのため、ESG投資を重んじる最近の金融業界の流れにも逆行していると能條さんは考えた。グレタ・トゥーンベリさんやアジアの若者も参加するキャンペーンになった。

次々と移り変わる興味・関心

私は、会うたびに能條さんの興味・関心がめまぐるしく変わっていることに、いつも驚かされる。デンマークの政治の話題を取り上げていると思ったら、いつの間にか、三菱商事の石炭火力発電事業に関心を寄せている。

ここに「SDGs市民」たちの特徴がある。

彼女や彼らは、SNSのタイムラインで社会課題を知ることが多い。それも偶然に、だ。たとえば、おいしいスイーツの写真がツイッターに流れてきた、とする。3秒後、別の誰かが、女性蔑視の元政治家の発言のニュースを流す。あっという間に怒りのコメントが集まる。その後も投稿は入り乱れ、話題も次々と変わっていく。ありとあらゆる社会問題に関する投稿が、わずか20〜30分のあいだに目に入ってくる。

ツイッターを1日4時間以上は見るという、ある大学生を取材したとき、次のような話をしてくれたのがとても印象に残った。

「私は、気づいたらずっとツイッターを見ているんです。まるで『底なし沼』のように、次から次へと社会問題がタイムラインにあふれて来ますから」

ツイッターのタイムラインに次々と流れてくる情報は、アカウントごとに異なる。ツイッター社が開発した独自の仕組み（アルゴリズム）によって整理され、流れてくる。そこに深い意味はない。さまざまな問題が、たまたま、つながって拡散され、偶然に誰かがその情報に触れる。複数の社会課題が小さなスマホの画面に「集約」され、同じ画面に並び、絡まり合っていく。

能條さんが、三菱商事の石炭火力発電事業への融資決定のニュースを知ってから「公開質問状」を書くまでの流れを見ていこう。

・2020年12月29日午後10時すぎ　「ベトナム石炭火力に融資　国際協力銀など1800億円」という記事を日本経済新聞電子版がツイッターで流す。

・2020年12月29日午後11時半ごろ　能條さんが「これってやばくない？？」「年末楽しく過ごせないんですけど」という文言とともに、日経の記事をツイッターで紹介。能條さんや、その投稿を見た若者たちがベトナムの石炭火力発電事業について調べ始める。

・2021年1月5日　能條さんたちが、三菱商事や国際協力銀行、みずほ銀行、三井住友銀行、三菱UFJ銀行に公開質問状を送付。

・2021年1月5日午後11時49分　能條さんがnote（インターネット上で文章などを発表できるサービス）に文章を掲載。なぜ公開質問状を送ったのかを説明。

能條さんが、三菱商事の石炭火力事業の情報を知ってから公開質問状を送付するまで、1週間しかたっていない。能條さんは自分の行動や思いをその都度、ＳＮＳで発信し、他の人を巻き込み、短期間でうねりを生み出している。

ところで、話は少し先に飛ぶが、能條さんは、三菱商事に公開質問状を出してからおよそ2週間後の２０２１年1月22日、三菱商事の問題とは別に、核兵器禁止条約についてインスタグラムでライブ中継を行っている。さらにその1カ月後の2月16日、東京オリンピック・パラリンピック組織委員会の当時の会長、森喜朗・元首相が「女性が参加している理事会は時間がかかる」という趣旨の女性蔑視発言をしたことに抗議するため、15万以上の署名を集めて組織委員会に提出した。

三菱商事の石炭火力事業だけでなく、さまざまな社会問題と能條さんが短期間のうちに接続し、発信を次々と行っている。

読者のみなさんはこう思うだろう。冒頭で私が投げかけた問いだ。はたして能條さんは、気候危機を止めようとしている環境アクティビストなのか。ジェンダー格差に抗議するフェミニストなのか。あるいは核問題に関心がある市民運動家なのか。それとも、23歳の大学院生なのか。

「個人的な思い」が「みんなの思い」へ

ここまで見てきたように、能條さんの「心の中」には、複数の問題意識が同居している。普段から多くの人と交流し、さまざまな本を読んで勉強し、さらにSNSに触れることで、多層的な価値観を自分に接続させている。そしてその「接続」は、ときには1時間や2時間という短い時間で起こる。

能條さんが、三菱商事に公開質問状を出した理由について、「note」で文章を公開した点も、ここで押さえておきたい。noteとは、クリエイターや作家をはじめとするさまざまな人たちが書いた文章を投稿するネット上のプラットフォームだ。「ブログ」と似ているが、投稿がしやすく、スマートフォンで読みやすく、おしゃれなデザインで人気を呼んでいる。最近では、企業経営者が自身の経営方針などを語るなど、ビジネスの発信の場としても使われている。

能條さんがnoteを書き上げたのは、三菱商事やメガバンクに公開質問状を送ったその日の午後11時49分だ。文章は「みなさん、こんにちは。能條桃子と申します」という言葉から始まる。そして「いきなりですが、私、本日、人生で初めて企業の代表電話に電話をかけ（ました）」と続く。文章は、最後にこう締められていた。

（三菱商事などから）どんな返答だったかをこの note でお知らせしてきます。
良かったら一緒に見守ってください！
同時に、多分、「やっぱり計画やめます」って返答が来るほど甘い世界じゃないってことも知ってるので、この計画を止めるにはどうしたらいいか、考え続けていきます
建設が始まっていない今に生きている私たちは、まだこの計画を止めることができる位置にいるはずだから
これから、よろしくお願いします！！

まるで友人に手紙を書くような文体で、自身の活動への支援を呼びかけている。こうした点も、ＳＤＧｓ市民たちの特徴の一つと言えよう。個人として発信することを重んじ、時には自分の内面を吐露しながら、声を上げる理由を丁寧に説明していく。それを読んだ人が心を動かされ、立場に関係なく支援を始める。オープンな心と心がふれ合い、「個人的な思い」が「みんなの思い」となり、社会を動かしていく。経済やビジネスの領域にも変化を起こす。

「生の言葉」を発信するSDGs市民たち

過去の消費者運動を振り返ってみても、企業に対して公開質問状を出すことは、特に珍しいことではない。抗議の声を上げるために、パンフレットを作ったり、本を書いたりする人は数多くいた。政治の分野でもそうだ。たとえば、安保闘争で1960年に亡くなった東大生の樺《かんば》美智子さんのように、死後に多くの論評や本人の遺稿集などが出ることもあった。そのようにして、私たちは、抗議をする人のアクションだけでなく、「内面」を読み解いていた。

ただ、ネットでは、出版物や事件などを媒介にすることなく、発信者の「生の言葉」が、広範囲にわたってスピーディに発信される。本人の内面も明らかになる。「声を上げる人」を、より身近に感じることができ、アイデンティティを賭けたアクションであることが周知される。環境、ジェンダー、人権問題。多くの社会課題を解決したいという「理由」が語られる。そこにSDGs市民のパワーの源泉がある。

能條さんも、そうだ。能條さんという個人が、「企業にいま質問中で、回答を待っています」と宣言することで、抗議活動が可視化され、三菱商事側が正式な回答を用意する前から、多くのネット上の「観客」を巻き込んでいる。かつてだったら「弱い立場」であるはずの、一人の若者でもあり、一人の消費者でもあり、一人の市民でもある能條さんが、大企業である三菱商事と対等に向き合える。いや、対等というより、場合によっては、むしろ個人である能條さんのほうが圧倒的なSNSの支持をバックに、企業側よりも「大きな力」を持っていると観察する人もいるだろう。

内面を正直にオープンにしている能條さんと比べ、企業側はどう考えても「堅苦しい態度」を取らざるを得ない。アイデンティティを賭けて戦う市民や消費者と、組織として内面を出さない大企業が向き合うことになる。読者のみなさんは、どちらに共感するだろうか。

私自身は転職や育児休業などの節目で自分の思いを職場で伝えてきたつもりだが、一般的に、私たち大人は「心の中」を隠すものだ。悲しみ、嫉妬、怒り、喜びなどの個人の思いは仕事の現場であまり出さないようにする。それがプロフェッショナルであると言えるのかもしれない。私たちは、職場で内面をさらけだす若い新入社員がいたら、「もっとタフになれ」と声をかけるだろう。「もっと大人になれ」「社会人らしく振る舞え」と先輩風をふかす人もいるかもしれない。ただ、SDGs時代の市民たちにとっては、心は隠すものではなく、堂々とオープンにするものだ。なぜなら、それには他人を巻き込む力があるからだ。

「能條さんがそういう熱い気持ちでやっているんだったら私も手伝うよ」。実際、彼女の周りには、そんなふうにして、学者、NPOのメンバー、メディア関係者、弁護士、政治家など多数の支援者が集まってくる。「能條さんファン」という人に私は何人も会ってきた。みんなが共通して言うのが、本人の「率直な思い」に共感したということだ。会ったことがなくても、固い結びつきが生まれたと証言する人もいた。その「つながり」というのは当然、金銭的なつながりではない。「率直な思い」に感化されたつながりだ。お金や権力を介していないからこそ、広がり方が早い。

こうした「SDGs市民たち」と向き合うのは、今回のように三菱商事に限ったことではない。

たとえば、あるアパレルメーカーの洋服のブランドの素材が、遠い国での強制労働によって作られた原料を使っていたことが環境団体の調査で発覚したとしよう。そのことは瞬時にツイッターで流れ、名もない10代の高校生が企業に公開質問状を出し、自分がアルバイトで経験したブラック労働問題を軸に、その思いを等身大の文章でnoteにつづることだってある。このことの意味を現代のビジネスのプレーヤーたちは否でも応でも意識しないといけないのだ。

三菱商事の回答

ところで、能條さんは三菱商事側から見たら、どのような存在なのだろうか。三菱商事の普段のビジネスの相手は各国政府やエネルギー産業界などで、超大手の商社というイメージがある人も多いだろう。コンビニやスーパーなど「普通の買い物客」と向き合う「BtoC（一般消費者を相手にする）企業」とは異なるタイプの企業だ。そのためか、三菱商事自身は、ツイッターなどのSNS発信にも積極的ではない。能條さんは、三菱商事子会社のコンビニ大手のローソンで買い物をしたことはあるかもしれないが、だからといって三菱商事の「消費者」と言えるかというと当然違和感がある。だが、「BtoB（企業を相手にするビジネス）」の会社であっても、最後はCitizen（市民）に行き着く。そういう意味ではどのようなビジネスも、最終的には「BtoC（Citizen＝市民）」になる。

三菱商事は能條さんの公開質問状に対して正式に回答した。私はこの姿勢をある程度評価したい。社内で多くの議論があったことが想像できるし、大企業が情報発信をするのは大変なことだ。

三菱商事の回答は、今回のベトナムのビジネスは「安定的な電力供給を切望するベトナム政府の期待に応えるため」の事業だというものだった。ちなみに、回答を出したのは、質問を受けてから9日後のことだ。その回答も、1月25日の深夜0時42分に、能條さんによってnoteで公開されている。ここまでの流れを振り返ってみると、能條さんのツイッターのタイムラインに日経新聞の記事が流れてから1カ月もたっていないことに改めて驚かされる。SDGs市民にはこうしたスピード感が身についているのだ。

新たなステークホルダー

最近、「ステークホルダー（利害関係者）資本主義」という言葉がグローバル社会で注目されている。

2008年のリーマンショックなどがあって資本主義の「強欲さ」への批判が巻き起こったことが、きっかけの一つだった。それまでのように株主を中心に考えるだけでなく、地域社会、従業員、取引先、消費者など多数の人たちをステークホルダー（利害関係者）として尊重する資本主義のことだ。株主の要求に応じて短期的な利益ばかりを追求してきた企業社会への反省も込められている。2019年にアメリカの経済団体が「脱・株主資本主義」を宣言し、SDGsやESG投資の流れがこれに加わる。このあたりの企業社会の変化は本書の第二章以降で詳しく見ていくが、本章の冒頭でお伝えしたように、能條さんのようなSDGs市民たちも、新たなステークホルダーの一員として、私はとらえている。

これまでのおさらいをしよう。能條さんたちの動きからも分かるように、SDGs市民たちは突然、スピーディに現れる。グローバル企業、ローカル企業、中小企業、大企業に関係なく、あなたの会社の目の前に登場することが十分あり得る。たとえ小さな地方都市に1店しかないお菓子屋さんだったとしても、その店主が、ある特定の国籍や地域の人を揶揄する張り紙を店内に掲げれば、スマートフォンで写真を取られ、SNSで拡散され、海の向こうの若者が声を上げる可能性がある。いつ誰がステークホルダーになるのか分からないのだ。

とはいえ、昔からそうだった、と反論する人もいるかもしれない。そもそも、見知らぬ誰かが突然株主になり、企業経営に参画することもあるのが資本主義社会だとも言える。現に、2020年8月、世界的な投資家のウォーレン・バフェット氏が率いる投資会社が、三菱商事など日本の大手総合商社5社の株式を買い進めていたことが明らかになった。かたやウォーレン・バフェットという著名投資家、かたや能條さんという20代の若者。そこに違いはあるのだろうか。第一章の後半では、こうした疑問について考える。

企業側から見たSDGs市民

私は能條さんがSDGs時代の新しいタイプの「ステークホルダー」となった意味を探るため、三菱商事の現役社員やライバル商社の社員に話を聞いてみることにした。その取材結果をここに紹介する。

私はまず、大学時代のつながりを使って、複数の三菱商事の社員たちに話を聞いた。能條さんたちの活動に対しては、ポジティブな反応もネガティブな反応もあった。一人目の社員は、今回の能條さんたちのアクションを機に、自社のベトナムでの事業の問題点について初めて本格的に知ったという。

「SDGsへの関心が高まるなかこういう視点も考えながらビジネスをやらないといけないと知った。どうしても目の前の仕事にばかりとらわれている自分に気づいた」

二人目は、こう話した。

「大学生のときの合宿で環境問題について同級生と語った自分を思い出した。でも、このプロジェクトは日本の国家としてのアクションでもあり、三菱商事が、国際貢献に協力したという背景がある。単純に批判されるのは、ちょっと違う」

社員たちや他業界のビジネスパーソンに聞くと、さまざまな答えが返ってきた。ベトナムは、さらなる経済発展を遂げる過程にある。私自身は、政府がリードしつつ、石炭火力発電事業への融資を再検討するべきだと思うが、それによってベトナムの経済成長が遅れて雇用が失われる可能性を心配する声もあった。ただ、能條さんたちSDGs市民には、企業を批判するだけではなく、まずは対話をスタートさせ、互いの「思い」をぶつけ合うことから、解決策を一緒に考えたいという思いがあるようだ。

欧米のＮＧＯやＮＰＯでは、博士号を持つメンバーをそろえ、企業と交流している。企業は、若者やＮＧＯと、ＳＤＧｓ時代ならではの新しい関係を築くべきときなのだ。

ところで、印象的だったのは、三菱商事のあるライバル商社の中堅社員が私に言った言葉だった。

「能條さんのバックには誰がついているのですか？」

能條さんの行動があまりにも素早かったので、裏側に組織的な支援があるのではないか、という疑いだ。もちろん、能條さんを応援するＮＧＯ、市民活動家、大学の教員、メディア関係者などはいる。中には能條さんにアドバイスをする人もいるだろう。そういう意味では「バックに誰かいる」と言えるのかもしれないが、このライバル商社の社員が根本的に見誤っているのは、多くのＳＤＧｓ市民たちが「個人」として動きやすくなった時代に入っているということだ。

ここまで本書を読んでくれた読者の方なら、お分かりだろう。ＳＤＧｓ市民たちは、ツイッターのタイムラインを見ながら素早くアクションを起こしていく。「バックに誰がいるのか発言」をした人は、そのリアリティをつかめていない。

中には、能條さんに対して、「ネットのスピードに影響され過ぎだ」「じっくりと一つ一つの問題と向き合ったほうがいい」という感想を持つ読者もいるかもしれない。私はそう思わない。なぜなら、彼女のように、複数の社会的な課題をパッと結びつけて、同時並行で考える態度にこそ、SDGs的な思考の本質があるからだ。

SDGsには、環境、ジェンダー、教育、働き方など多種多様な社会課題を解決するための17の目標がある。それぞれが複雑に絡み合っている。

たとえば、教育格差（SDGsの目標4）の原因には、女性など弱い立場の人に対する教育支援が不十分である点が挙げられるかもしれない。ジェンダーの不平等（目標5）だ。また、経済成長（目標8）と気候危機への対応（目標13）はセットで取り組むことが、ビジネス界の主流になりつつある。17の目標の達成のためには、複数の社会課題の関連性を把握できるような立体的な思考が求められる。2030年というSDGsの目標達成年まで時間がないので、スピードも必要だ。

会社内の出世など分かりやすい「答え」を求めて働いてきた日本のビジネスパーソンにとっては、苦手とする行動スタイルだ。答えがないどころか、自分から「問い」を立てないといけない。どんな社会課題にも、必ず矛盾がある。たとえば、環境保護に取り組んだ結果、企業の業績が悪化して、雇用が失われてしまっては困る。そうした矛盾と向き合うため、多くの知識をどんどん吸収し、同僚や専門家とアイデアを出し合って、「新しい問いと答え」を生み出す。会社でも、学校でも、そうしたことは、これまで教えられてこなかった。

SDGs市民たちは、私たちに「モノの考え方」の変革をも促している。

「ウーバー化する社会運動」

政治学者の吉田徹氏の『アフター・リベラル』（講談社現代新書）に詳しいが、日本の集団的自衛権をめぐる安全保障関連法案への反対が広がった2015年、デモ参加者たちには、ある特徴が見られた。それは「市民」とだけ書かれたのぼりを掲げていたことだ。「〇〇組合」「〇〇労協」「〇〇派」など組織や集団に頼るイメージがある一般的なデモとの違いを吉田氏は分析し、企業や組織の一員としてではなく、一人の自律した個人であることをよしとする政治的アクションについて、「社会運動も『ウーバー化』している」と分析している。

ウーバーとは、個人が空いた時間で自分の車を使って「タクシー」のようなビジネスをするアメリカ発の新興サービスのことだ。日本では食事を宅配するサービスのほうが有名だが、アメリカなどでは個人の移動手段を根本的に変えた会社として知られる。タクシー会社という組織ではなく、個人のドライバーが個人の客とつながる。ドライバーは「好きなとき」に働く。

吉田氏が、安保法制反対で注目された団体「SEALDs」の代表的なメンバーであった奥田愛基氏の次のような言葉を紹介していることも印象的だ。

「どうか政治家の先生たちも、個人でいてください。政治家である前に、派閥に属する前に、グループに属する前に、たった一人の『個』であってください」

吉田氏は、一人ひとりが、組織や共同体に属する一員ではなく、個人（市民）として考え行動している点こそが、「安保法制反対のデモのなかで再発見された価値、あるいは訴えられたことの一つだったことはまちがいない」としている。

こうした現象は、政治が「個人化」し始めた1960年代の反戦運動や女性の権利をめぐる闘争以降、さまざまな歴史的な場面で見られてきた。SNSによって個人が発信しやすくなったことでますます強化され、政治だけでなく経済の領域にも現れてきた現象といえよう。

ここまでは能條さんらが、自らの思いをもとに行動していく様子を見てきた。そこには

「大学院生」「消費運動家」「環境活動家」というより、むき出しの個人がいるように見える。SDGs市民の誕生だ。

バークシャーハサウェイという著名投資会社の代表として大手企業と向き合ったウォーレン・バフェット氏と、SDGs市民として三菱商事と向き合った能條桃子さん。能條さんは、個人として動き、内面を明らかにして、自分のアイデンティティをある意味「賭けて」企業と対峙した。そこに大きな特徴がある。

さらに興味深いのは、企業自身も、こうしたSDGs市民の誕生に、ある意味で寄与してきたと言えることだ。企業側も、消費者を消費者としてとらえず、一人の個人として接するようになってきたのが、デジタル社会の特徴の一つだ。どういうことだろうか。さらに深掘りしていきたい。本書のジャングルジムの冒険は始まったばかりだ。

可視化される企業の「中の人」

ソーシャルリスニングという、デジタル時代のマーケティング手法がある。無数のSNSの投稿から自社の企業名やサービス名を抽出し、評判を調べる調査のことだ。ソーシャルメディア上の声を「リスニング」、つまり文字通り、耳を傾けて聞くというわけだ。

あえて単純化した事例を述べるが、たとえば「ユニクロ」という言葉でツイッターを検索すれば「出張先が寒かったのでユニクロのダウンジャケットを買った」「クリーニングを取りに行くのが面倒なので、ユニクロでワイシャツ調達」などの投稿が現れる。じっくり選んで服を買うのではなく、肌寒いと感じたらパッと駅の構内にあるユニクロ店で上着を買う消費者の姿が浮かび上がってくる。「20代、男性、会社員」という従来型の消費者属性ではなく、徹底的に「個人化」した消費者像を企業は把握することになる。消費者としてではなく、一人の個人として向き合っている。

企業自身も、ツイッターなどのデジタル空間で、自分たちがまるで「いち個人」であるかのように演出してきた。企業などの組織ではなく、個人としての顔をアピールするのだ。たとえば、大手電機メーカー・シャープの公式ツイッターを見てみよう。ここの投稿は、新商品や自社のPRにとどまらない。気温が上がった日には「やること多すぎてなんもしたくないし暑くてなんもしたくない」などの個人的な言葉がつぶやかれることもある。友人にあてるメッセージのような投稿だ。

シャープが、台湾の鴻海精密工業と経営再建をめぐって交渉していることがメディアで報じられた日には「なんて日だ！」と投稿している。企業のアカウントらしからぬ「個人的な思い」の吐露は、多くの関係者の度肝を抜いた。あまりにもあけすけな「パーソナルな文章」に共感が生まれ、ツイッター利用者から「いろいろ大変だと思いますが頑張ってください」と励まされていたほどだ。

消費者は、企業の「中の人」の様子が分かるようになった。企業自身も、「中の人」を積極的にメディアに露出させる。経営者自ら自分の思いをnoteに書いて、会社の経営理念をアピールする。もちろんこのこと自体も「マーケティング戦略」といえばそうなのだが、いずれにせよ、企業が消費者と向き合うとき、それはかつてのような「組織対個人」という図式だけでなく、「個人対個人」という図式にもなる。

顧客の「個人」領域に入り込む企業

世界に目を転じてみよう。消費者を「個人化」することは、世界の経済をリードするGAFAと呼ばれる企業が得意とするところだ。たとえばアマゾンは、顧客が買い物をするたびに、コンピュータが自動的に購買履歴を記録し、それぞれの顧客に合った商品を勧める。大量の消費者を相手にすると同時に、「一人ひとりを個別の人間として、きめ細やかに向き合う」という矛盾した目的を両方達成できてしまうのが、ビッグデータ時代の企業の強みだ。

アメリカでは総合スーパー店の「ターゲット」が、ある女子高生が買った商品の購入履歴から、本人の「妊娠の可能性」という極めて個人的なことがらを予測したとみられることが話題になった。例えば、お客さんがサプリメント、無香料のローション、消毒液などを購入すると、妊娠した顧客の過去の購買履歴と近いことが分かり、妊娠の予測が成り立つという。こうして店側は、赤ちゃん服などのクーポンをその女子高生の自宅に送ったが、その時点では父親でさえも、妊娠のことは知らなかった。家族以上に、顧客の「個人」的な領域に企業が入り込んでいる。

ただ、企業は本当の意味で「個人」を分かっているのかどうか。私がみなさんと考えたい問いだ。企業側はソーシャルリスニングなどの最先端のマーケティングによって、あるいはビッグデータの収集によって、消費者を丸裸にしたつもりかもしれないが、はたして本章で見てきた能條さんのような「SDGs市民」の姿をきちんとつかめていたのだろうか。

繰り返しになるが、企業は消費者の細かいデータまで取得できるようになり、「個人」のことを分かったつもりでいた。しかし、当の消費者たちの内面は、もっと複雑で、もっと早く移り変わり、もっと声を上げたがっていた。

能條さんたちと三菱商事のやり取りは今後どうなるか分からない。実際、ベトナムの石炭火力発電事業は止まることはなさそうだ。しかし、先ほど見たように、少なくとも私が聞いた三菱商事の社員たちの心の中に「さざ波」ぐらいは起こしたのではないか。こうした波が、アイデンティティが重視される経済では大きな影響を与えていく点については、本書を通して見ていくことにする。ここではいったん能條さんの物語を終え、ＳＤＧｓ市民たちが向き合った別の企業の話をしたい。今度は商社より身近なコンビニエンスストアが舞台だ。

ローソンのプライベートブランド

大手コンビニエンスストアのローソンが２０２０年に新しいプライベートブランドを発売したとき、ネット上で大きな話題になった。プライベートブランドとは、ローソン側が自社でデザインや商品コンセプトなどを考えて店頭に並べる独自商品のことだ。紙パックの飲み物、惣菜、お菓子、冷凍食品など約６８０品目のパッケージを一新。海外でも高い評価を受けるデザイナーオフィス「nendo」の佐藤オオキ氏がデザインを手がけた。

デザインは薄いベージュやグレーを基調にしたシンプルなもので、インスタグラムなどに写真を載せやすい「インスタ映え」する商品にも見えた。一方で、豆腐を「ＴＯＦＵ」、納豆を「ＮＡＴＴＯ」と表記するなど分かりにくいところもあった。

「買い物に不便だ」「紙パックの飲み物を間違って買ってしまった」「目が不自由な人が手に取りづらい」――ローソンに対する声の中には、強い口調の批判もあった。

本章では、「ＳＤＧｓ市民」の特徴として、①ＳＮＳによって誰もが声を上げられるようになったこと、②企業にとっては、誰が声を上げるか常に分からない状態であること、③商品やサービスに対する評価だけでなく、自分のアイデンティティに関わるような内面や価値観を同時に発信することなどを挙げてきた。ローソンのケースはまさにこの3点に当てはまり、時間がたつにつれて、ステークホルダーが無限に広がっていくかのようだった。

とはいえ、あえて言うとすれば、「ＮＡＴＴＯ」や「ＴＯＦＵ」という表記の分かりづらさを批判していた人は、納豆や豆腐を実際にローソンで買った人なのか、普段からコンビニでそうした食材を購入する人かどうかは、本当のところは分からない。買ったうえで批判している人ももちろんいただろうが、ＳＮＳ上に流れてきたパッケージの写真だけを見て批判した人もいただろう。

商品を実際に買ったお客さんでなかったとしても、時にはリアルな「お客さん」以上にパワーを持つ。こうしたことはあらゆる業界で起きていることだ。俳優の吉田鋼太郎氏が雑誌『Voice』（２０２1年2月号）で語った次の言葉はなかなか核心をついている。

「これまで僕たちをジャッジしていたのは、お金を払って舞台を観に来てくださるお客様でした。でも、いまやインターネットの世界で、普段は我々に興味がない人も含めてあらゆる目に晒《さら》されています。しかも、批判する人たちの顔はこちらからは見えません。すると俳優をはじめとした表現者は、批判されないように振る舞わなければならず、どんどん生きづらくなっていく。その結果、心を病んでしまう表現者が増えてしまっている気がします。多くの人が世間の声に必要以上に怯《おび》えているいまの社会は、異常だとすら思います」

SNSをめぐるさまざまな深刻な問題については、ここではこれ以上立ち入らない。本章の目的は、現在のSNS的な社会のいくつかの現象の中からあえて新たな側面を抽出し、これまでの市民や消費者像とは異なる個人を見出して、SDGsと現代のビジネスのあり方を考えることにある。

ツイート分析から見えてきたこと

そういう意味で、ローソンのプライベートブランドの一件において、私が特に注目したのは、議論の質的変化である。ハフポストでは、著名メディアのデータ分析を数多く手がけるアナリストの田島将太さんと一緒に、ローソンのプライベートブランドをめぐるツイッター上の議論を分析してみることにした。その結果をこれから紹介していきたい。

ハフポストでは、今回のプライベートブランドをめぐる議論とは別に、コンビニの未来について、たまたまローソンの竹増貞信社長に直接インタビューする機会があり、SNS上の生配信番組「ハフライブ」で配信する準備をしていた。田島さんは、インタビューのおよそ10日前の2020年5月31日ごろからのツイッターの収集を開始。番組が始まる1週間前になるとツイッターの投稿数も目立って増え、2020年6月2日には「ローソンPB（プライベートブランド）」という言葉が含まれるツイートの投稿が計281本確認できた。翌日の6月3日に918本まで増え、6月5日と6日はそれぞれ2500本以上まででふくれあがった。

私たちはツイッターの数だけでなく、投稿の中で使われた言葉を分析し、どういったキーワードとともに議論が展開していったのかを調べた。たとえば「ローソンのプライベートブランドはセブンイレブンよりおしゃれだ」というツイートがあったとすれば、そこから「セブンイレブン」や「おしゃれ」という単語を抜き出し、他の投稿も合わせて、どのぐらいの頻度で使われていたかも調べた。

はじめの頃のツイッターでの投稿では、「セブンイレブン」「フォント」「おしゃれ」などの言葉がトップ5位以内の頻度で使われていた。おそらくライバル店のセブン・イレブンの商品と比較したり、パッケージに使われているフォント（文字の種類）やデザインがおしゃれかどうかをＳＮＳ利用者同士で論評し合ったりしていたのだろう。

ところが、調査対象期間の初日から数日後の６月４日に異変が起きた。「ユニバーサルデザイン（ＵＤ）」が、投稿に使われる言葉として急浮上してきたのだ。ＵＤとは、障害の程度や年齢、文化の違いなどにかかわらず、すべての人にとって公平で、使いやすいデザインのことを指す。投稿の中でその単語が使われることが目立つようになった前後で、ＷＥＺＺＹというメディアで、ユニバーサルデザインの専門家に対するインタビュー記事が出たことが影響していたのだろう。そして、ここから議論の「質」が変わっていくことが分かった。

ＷＥＺＺＹのインタビュー記事では、ＵＤの観点からパッケージの問題点が指摘されていたため、ネットの議論もそれを軸にしたものになっていった。たとえば、アレルギーのある人が、今回のローソンのプライベートブランドのパッケージを見誤って商品を購入した場合、健康に影響が出る可能性がある。高齢者や目の不自由な人にとって、商品を選びにくくなっている点も指摘され始めた。その他にも記事やＳＮＳなどで次のような問題提起がされていた。

・目が不自由でない人であっても、夜勤明けで疲れていたり、スマホの見過ぎで目がかすんだりすることもある。
・今は目がよく見えていても、やがて歳を取ればどうなるか分からない。
・高齢者化社会を迎える日本にとって「見づらい」パッケージは結構深刻なことだ。
・外国人にとっては読みづらい。食べ物のアレルギーがあったり、宗教上の理由で口にしなかったりする人にとっては問題だ。

私も、ためしに近所のローソンに行ってみた。今まで自分が考えたこともないような視点で棚を見渡すと、確かにこのプライベートブランドの表記は分かりにくいと思った。私の場合、身長が180センチ近くあるので、少し屈んでみた。目を細めたり手で左目を隠してみたりした。店内の景色が一変した。

ちなみに、WEZZYに記事を書いたライターの方は、「新しいパッケージの見づらさについてどう考えるか」という問い合わせをローソン本社にしたという。それに対するローソン側の回答は「貴重な御意見をありがとうございました。商品開発に活かして参ります」というもので、「杓子定規な印象」を受けたそうだ。

確かに「杓子定規」だ。とはいえ、従来の企業対応としては一般的とも言える。今までの企業にとって「お客様の声を受ける」とはこういうことだったのだろう。企業にはコールセンターなど意見や苦情を受けつける専用の窓口がある。そこに寄せられる問い合わせ数は膨大であり、しかも、そこで対応する人が会社の方針に関わる意思決定を任されているわけではない。そのため、取りあえず「貴重な御意見をありがとうございました」と言うほかない。

そして、ツイッター上で突如「ユニバーサルデザイン」というキーワードが浮上したように、さらに関心を持った私自身が投稿を読んだり、店舗を訪ねてみたりしたように、SDGs時代の市民たちの声が可視化されるということは、他の消費者にとっても「気づき」や「発見」が生まれるということだ。声が共鳴し合う点に大きな特徴がある。

ローソンの竹増社長、かく語りき

ローソンの竹増貞信社長は予定通り、2020年6月9日のハフライブに出演して生配信のインタビューを受けた。プライベートブランドのパッケージへの反響は想像以上だったと正面から答えたうえで、「お店で選びにくかったり探しにくかったり、色々なご不便やお手数をおかけしてしまっている。そのあたりは真摯に反省し、次に活かさなくてはいけない」と発言した。インターネットだけでなく、店舗のスタッフや消費者の生の声なども聞いたという。

竹増社長はその場でパッケージの変更を表明し、実際、その後ローソンの「NATTO」の商品は、「納豆」という漢字表記に変わった。ツイッターでも、「わかりづらさが解消されている」といった好意的なコメントが目立つようになった。

ローソンは公式ツイッターのフォロワーが562万以上（2021年4月現在）にのぼり、業界では「SNSの使い方が上手な企業」として注目されている。「あきこちゃん」というツイッター上のキャラクターを設定し、前述したシャープの公式アカウントのような「個人的な投稿」をする。

美味しいコンビニスイーツを紹介したり、おにぎりを半分に割って中身を見せる写真を流したりする。宇宙飛行士が宇宙空間で人気商品の「からあげクン」を食べる動画も投稿する。

ツイッターの使い方が上手なローソンにとっても、ユニバーサルデザインの観点からのプライベートブランドをめぐる議論は、日常的に展開しているコミュニケーションとは別のものであったようだ。

ローソンが「真剣」に向き合わざるを得なかったのは、コンビニが「公共性」を担っている企業だからである。特に東日本大震災では、コンビニは食糧を被災地で提供するインフラとして機能した。そして、地方では、高齢者が食事や生活必需品を手に入れる場になっている。新型コロナの感染拡大を受けて在宅勤務が始まった2020年以降、コンビニでプリンターを使用するなど「オフィス代わり」にもなっている。コンビニは全国に5万〜6万店ある。誰にとっても身近な「公共施設」だ。

ところで、公共性という言葉は、①国家に関する公的なもの(オフィシャル)、②すべての人びとに関する共通のもの(コモン)、③誰に対しても開かれている(オープン)という3通りの意味を持つといえる(齋藤純一『公共性』岩波書店)。

ローソンのようなコンビニは、民間企業が運営しているという意味で公共的ではないが、誰に対しても開かれている「オープンさ」という意味ではどこかしら公共的である。公園と同じような機能を備えているともいえよう。全国の津々浦々に展開している店舗数の多さゆえに、誰か特定の年齢や性別、人種の客を排除することはない。むしろ外国語表記の商品を増やしたり、高齢者向けの弁当宅配サービスを始めたりするなど、できるだけ多くの人にとって共通の利益となるような店舗運営を進めてきた。企業が「社会の公器」といわれるように、ビジネスは大きくなるにつれて必然的に公共性を帯びる。

しかし、実際に企業などの大きい組織が真に公共的であろうとするのは、なかなかに困難なことだ。すべてのお客さんや全国民の意見を聞いてまわるわけにはいかず、ある程度の想像力を働かせ、しかるべきマーケティングや市場との対話などを経て、自分たちが実行するビジネスは「公共的」であるという認定をしていく。もちろんそれが間違っていたり、誰かを排除していたりする場合もある。そもそも民間企業は行政機関とは異なるので、そういった意味でも、公共的であることに限界はある。

企業はより公共的になっていくのか?

コンピュータの飛躍的な発展によってグローバル企業や大手企業を中心に、何万人、何百万人、何千万人単位のデータを保存して活用できるようになった。そうした大量のデータから人々の消費パターンを読み取って、企業はマーケティングに使う。コンビニは伝統的にPOSデータと呼ばれる仕組みを使って、一人ひとりの顧客の属性や購買行動を分析し、商品の仕入れや販売に役立ててきた。そうした大量のデータが、インターネットなどの発達によって扱いやすくなった。このように「みんなのデータ」を手に入れることで、企業はより公共的になっていくのだろうか。

この議論はもう少し丁寧に見ていきたい。企業は確かに、100万人「分」のデータを手中に収めたかもしれない。ただ、より重要なのは、そうした塊のようなデータよりも、100万通りの好みを持つ100万人の消費者がいたら、理論上はそれぞれがネット上で声を上げられるということだ。SNSによる企業と個人の変化は、このようにとらえると分かりやすい。想定していた普段のビジネス上の顧客層の「外」から異論が寄せられるのだ。時にはビジネス上の欠点を指摘し、よりよき方向へ持っていくこともある。ローソンのように、「NATTO」が「納豆」に変化し、商品のパッケージが誰にとっても見やすくなり、生きやすい社会が形づくられる可能性もある。もちろん炎上が起きたり、理不尽な誹謗中傷が寄せられたりすることもある。中には単なるクレーマーと呼ばれる人も出てくるだろう。

これまで、「公共的である」とは、ある意味、理論上のことでしかなかった。さまざまな手法を使って「みんなの意見」を聞き、できるだけ「みんなの利益」を考えて企業や政治が動く。ただ、そこからこぼれ落ちてしまう人もいただろう。実際、そういう人はなかなか可視化されてこなかった。ところが今では、網の目からこぼれ落ちた人が声を上げる。「あなたたち企業は、お客様であるみんなのためにと言っているが、私は『みんな』の中に入っていない」と言ってくるだろう。文字通り、全員が参加可能な「公共性」が企業に課せられている。このようなSDGs市民に対して、企業はどのように接していくべきなのか。

第二章では、アメリカを中心としたグローバルな動きを見ながら、企業がSDGs市民をはじめとした新しい消費者の声や動きに合わせ、彼女や彼らの「個人的な価値観」と向き合い、「優等生化」していく様子を見ていきたい。

第二章

優等生化する企業

「優等生化」するグローバル企業

第一章の最後で、企業が「優等生化」していっていることに触れた。本書を読んでいるあなたは、こう思うだろう。企業が「優等生」だなんて、冗談を言わないでくれ。どこまでこの本の書き手はきれいごとを言うのか。いい加減にしてほしい。

確かに、その通りだ。ここ数年、企業の中で行われる「ハラスメント」の問題を耳にしない日はない。不当な残業を強いたり、上司が理不尽なノルマなどによって社員を抑圧したりする会社を「ブラック企業」と呼ぶことも一般的になってきた。

安岡孝司《たかし》氏の『企業不正の調査報告書を読む』（日経BP）では、2017年前後は日本の一流企業で品質不正問題が広がり、2020年3月期までの5年間で不正会計が3倍になったことが紹介されている。戦後の「環境公害」ならぬ「経済公害」に、今の社会は直面しているという。新型コロナウイルスによって業績が悪化する企業が増えることで、うがった見方をすれば、「不正会計が起きやすくなった」とも考えられそうだ。

日本の企業社会を学校の「クラスルーム」にたとえれば、部屋の中のどこを見渡しても「優等生」はいないように見える。

しかし、じっと目を凝らしてみよう。どうやら、教室の端っこには転校生もいるようだ。

海の向こうからクラスルームに入ってきたグローバル企業のことだ。この生徒は、少し様相が異なる。どういうことだろうか。詳しく見ていこう。

昨今のグローバル企業は、黒人差別など人権問題に対して毅然と立ち向かい、気候危機などの環境問題の解決をどんどん消費者に訴えていっているのが特徴だ。たとえば、洋服を何度も買い換えることは地球環境にとって悪いので、「自分たちのジャケットを買わないでほしい」と呼びかけるパタゴニアのような企業までが現れた。まるで学校を改革する学園ドラマの優等生の主人公のようだ。

博報堂を退社し、最先端の広告を手がける「ＤＥ（ディーイー）」共同創業者の牧野圭太さんによると、世界で最も権威がある広告賞のひとつである「カンヌライオンズ」での日本企業などの広告の受賞は２０１４年には57だったのが、２０１９年には16に減ったそうだ。

かつてカンヌではテクノロジーなどを使った企業の広告が評価されていたものの、最近では、人権や政治、環境破壊などＳＤＧｓ的な「社会課題」に企業が向き合う様子を描いた広告が評価されるようになったという。

牧野さんはこう話す。

「こうした動きに日本はついていけていないのは明らかです。倫理や社会課題の解決を重視する消費者の価値観に訴えかけ、ビジネスの社会性を重視する広告が作れていない」

広告は、企業のビジネスに対する姿勢の現れである。ＳＤＧｓ的な社会課題に積極的に関わるグローバルな流れが生まれている。それに乗り遅れた日本企業のビジネスは、消費者に響かなくなる。あるいは全く逆のメッセージを発してしまい、広告が炎上する。社会課題に取り組む企業を応援したいという消費者のアイデンティティが分からないと、現代ビジネスは成り立たない。

第一章で見たように、三菱商事やローソンなどの日本企業は、新しいタイプの市民や消費者である「ＳＤＧｓ市民」と、少なくとも、向き合い始めている。

「ふん。ビジネスっていうのは、汚いことも含めて、清濁合わせ飲むものだ。ＳＤＧｓなんて『きれいごと』を言わないでもらいたい」。そうやって不良ぶっている場合ではない。校舎の裏でタバコをふかして、盗んだバイクで走り出す前に、立ち止まってほしい。世界は既に真面目化しているのだ。海外の優等生企業はいかにして生まれて、日本の会社はこれからどうするべきなのか。

「優等生化」に乗り遅れる日本企業

まずは少し歴史を振り返ろう。かつての日本は「政治は三流だが、経済は一流だ」と言われていた。ただ、それも昔の話だ。2020年代の現代日本は「失われた30年」とも言われる停滞の時代にいる。株価は好調だが、世界のビジネスの中心となるような日本企業は少なくなってしまった。政治も、経済も一流ではないのだ。企業の成長性が失われた背景要因はさまざまあるが、何よりも「優等生」化に乗り遅れている点が問題だと私は思っている。

1980年代、「ジャパン・アズ・ナンバーワン」とも言われたころの日本の企業の勢いはすさまじかった。厳しい競争を勝ち抜き、国際的なオイルショックを乗り越えてきた企業経営者の「考え方」を国づくりのお手本にすることもあった。代表的な例といえば、東芝トップや経団連会長をつとめた土光敏夫氏だ。財政再建をめぐる議論をリードし、1987年の国鉄民営化につなげた。「親方日の丸」とされた日本の古い行政も、企業社会のようにマーケットや顧客（住民）を重んじ、効率化していくことが次第に求められていく。

2001年に首相になった小泉純一郎氏は「改革」を唱え、郵便局を民営化すれば日本はよくなると叫んだ。白状すると、当時大学生だった私も小泉氏に惹かれた。企業で働いたことがないにもかかわらず、「会社というのはグローバル化に対応して、お客様第一で画期的なアイデアをビジネスに生かしているに違いない。民営化は素晴らしい」と単純に思っていた。それで言うと、政治家一族出身の小泉氏自身も、民間企業のダイナミズムを本当に分かっていたのかは怪しい。

これまでの日本社会に足りないのは「民間の力」であり、企業のあり方をみんなが真似して、マーケットの変化に対応していけば社会は良くなっていくという漠然とした期待が日本中にあった。2000年にはホリエモンこと堀江貴文氏が率いるライブドアがマザースに上場し、その後、プロ野球の球団を買収しようとしたり、ニッポン放送株を取得したりして「改革」を訴えていく。

その後、堀江氏が逮捕され、さらに小泉政権自体も「格差社会」を招いたという批判が起き、末期症状を迎える。官から民へ、市場重視、自由競争を目指そうとしていた日本社会の自画像は揺らぎ始めた。一方、そのお手本であるはずのアメリカ社会では、グーグルやフェイスブックなどが台頭し、シェアリングエコノミーの「エアビーアンドビー」も出てきた。単純な「市場重視」とは異なるかたちで、新しい世界の価値観を体現していた。

キャンパスとも呼ばれるグーグル社の敷地内にはバレーボールのコートがあり、公園のような雰囲気を醸し出している。Tシャツ姿で、コーヒーを飲みながらノートパソコン1台で仕事をしている人もよく見かける。自由でリラックスした状態で仕事をしたほうがアイデアが生まれ、世界をあっと驚かせるビジネスが生まれる。主にアメリカの西海岸に本拠地を構えるそうした企業から発せられるメッセージは、日本社会の私たちに衝撃を与えていった。

実は私たちが視界に入れてこなかった巨大な波がある。この章のテーマにもなっている、企業が「優等生化」しているという潮流のことだ。そして、それは資本主義社会そのものが変化しているという現代のビジネスの根幹に関わることだ。

「グレタ・テスト」

さて、ここでもう一度、本書で何度か言及してきたグレタ・トゥーンベリさんに登場してもらう。当時16歳だった彼女は、2019年にニューヨークの国連気候行動サミットで、環境問題への対策を怠ってきた政治や企業を痛烈に批判し、「よくもまあ、そんなことを！（How dare you）」という言葉を発した。私は取材で企業の経営者や幹部に会うとき、「グレタ・テスト」というものを勝手に行っている。「グレタ・トゥーンベリさんの演説をどう思うか」という質問をして、その答えによって本人の経営理念や企業姿勢を確かめるのだ。

「何も分かっていない〝女の子〟が騒いでいるだけだ」。もしこんな返事をする経営者がいたら、私はその企業経営者の資質を疑う。ＥＳＧ投資の専門家で、ニューラル代表取締役CEOをつとめる夫馬《ふま》賢治氏は、グレタ・トゥーンベリさんを冷笑してしまうことで、本質を見失う危険性を指摘する。グレタ・トゥーンベリさん本人の思想的立場は別にしても、その発言から「ニュー資本主義の動き」を読み解く必要があるというのだ。

夫馬氏によると、かつては企業が環境や社会への影響を考慮すると、利益が減るという発想が根強かった。これが「オールド資本主義」だ。ところが最近は、環境や社会への影響を考えたほうが利益は増えるという考え方が、機関投資家やグローバル企業のあいだで浸透してきている。

ところで「機関投資家」というと、私たちの生活にまったく馴染みがない存在というイメージがあるが、夫馬氏の『ＥＳＧ思考』（講談社＋α新書）でも指摘されている通り、年金基金や保険会社のことを指す。そして世界最大級の年金基金といえば、日本の年金積立金管理運用独立行政法人（ＧＰＩＦ）だ。ＧＰＩＦは、広く国民から集められたお金の一部を投資などで運用し、将来の年金給付の財源にしていく。ＧＰＩＦは２０１７年、ＥＳＧ投資を強化する方針を決定した。この頃から、日本のマネーも、環境や社会重視にシフトし始めている。

今後は、環境問題や社会課題に対するビジネスを積極的に進める企業があれば、そこにお金が集まることになる。お金が集まればそこに人材やアイデアも集中し、企業の業績を上げることになる。また、EUや、アメリカのカリフォルニア州が、環境負荷が高いとされるガソリン車の規制を決めたように、環境のことを考慮していない企業は今後、国や地域が決めたルールによって、ビジネスができなくなる可能性が高い。

グレタ・トゥーンベリさんの発言そのものは、彼女の内面の奥底から発した「個人としての問題意識」にもとづいているが、そこに交差するのは夫馬氏が指摘するような「ニュー資本主義」の大きな流れだ。SDGsやESGは今後、ビジネスの新ルールになっていく。ここを読み解けないと、倫理観にもとづいて声を上げる消費者をはじめとしたSDGs市民たちの声を、「単なる個人の感想」として片付けてしまう愚を犯すことになる。グレタ・トゥーンベリさんが象徴している資本主義の変化を把握しないといけない時代なのだ。

「新たな資本主義」を駆動するもの

ところで、そもそもどうしてこのような新たな資本主義に移行しつつあるのか。夫馬氏の前掲書に詳しいが、本書では特に①スポーツ用品ブランド「ナイキ」の不買運動と②リーマンショックを機に始まった資本主義の「内省」を取り上げたい。

1990年代後半のナイキの不買運動は、グローバル企業にとってエポックメイキングな出来事であった。靴やスポーツウエアが若者らに人気のナイキが関係する東南アジアの工場で、児童労働や長時間労働などが発覚した。世界中で不買運動が起き、児童労働などの問題に取り組むNPO法人「ACE」の資料（分析は「デロイト」）によると、この不買運動によってナイキは1兆円規模の損失が発生した。ナイキは、労働搾取をする企業や工場を表す「スウェットショップ」と呼ばれるようになる。

後にインターネットメディア「バズフィード」を創業することになるジョナ・ペレッティさんは、2000年代初めにこの言葉を使った、ちょっとした「消費者運動」を展開する。当時マサチューセッツ工科大学（MIT）の大学院生だったペレッティさんは、靴に好きな文字を刻めるナイキのサービスで、皮肉をこめて「スウェットショップ」と書くよう注文した。ナイキ側は注文を拒否したとされ、ペレッティさんはナイキ側とのメールのやり取りを友人や知人に拡散して、ナイキは「炎上」した。こうした現象はこれまで本書で何度か指摘したことと同じ構図だ。

私はペレッティさんとオンラインミーティングをしたことがある。彼はすでに大学院生ではなく、前述したバズフィードのCEOという巨大ベンチャー企業の経営者という立場だった。ペレッティさんは会議の資料にあまり頼らず、自分の内なる言葉を大事にして発言を重ねていた。こちらの質問にも「自分はこう思う」と的確に答える。会社を代表していることを意識するあまり、言葉が平板になりがちな日本の企業経営者と違い、自分の感情に静かに向き合う「思想家」という印象を受けた。

多くの消費者が自らのアイデンティティに忠実に声を上げ、さらに働く社員たちも自分たちの価値観を大事にする現代のビジネス界においては、こうしたリーダーのほうが向いているのではないかとも思う。経営者や経営幹部も、自らの「アイデンティティ」を深く問わないといけない時代なのだ。

ナイキの炎上は、アメリカのシアトルで1999年に起きた抗議活動や、2001年に死者を出したイタリアのデモに象徴される「反グローバリズム運動」にも連なる。大企業がビジネスを拡大して海外に拠点を増やしていくにつれて、労働問題や環境破壊の責任を問われるようになったのだ。倫理的な消費をしたいというSDGs市民たちの目が大企業に向けられるようになったのは、本書でこれまで見てきた通りだ。情報化社会によって、企業の生産拠点や流通ルートの実態はますます丸裸にされるだろう。労働問題などの人権の観点や環境保護の観点から批判が寄せられることも増えるはずだ。

「ウイグル問題」と日本企業

日本企業にとって、2021年に広く知られるようになった「ウイグル問題」は、新たに突きつけられた課題だと言えよう。中国の新疆ウイグル自治区で生産される綿花は高品質で知られる。一方で、ウイグル族への強制労働の問題も指摘されている（強制労働の定義やその有無をめぐる、いくつかの議論もある）。そのため、この地区が関連している素材を使うアパレル企業への厳しい視線が、国際世論や投資家から注がれている。

ユニクロを展開するファーストリテイリングも対応に苦慮する。2021年4月8日の決算会見で同社はこのことを指摘されたが、「人権問題というより政治問題」「われわれは常に政治的に中立だ」と柳井《やない》正会長兼社長がコメントするのがやっとだった。

無印良品も新疆ウイグル自治区の綿花を使った衣料品を扱っていたため、同じような指摘があった。いずれの企業もきちんとした回答ができず、本当の意味で世界基準の企業ではないと私は思った。

ESGを重んじる投資家の影響力が次第に強くなっていて、「ビジネスと人権」が企業経営に影響を与える時代になってきた。ちなみに「政治的に中立」に言及した柳井氏の発言は注意深く検討する必要がある。「政治的」と表現したのは理解できると口にした人が、私の周りにいたからだ。「人権などの概念」は、欧米型の価値観に過ぎないという意識が、日本社会にはどこかしらあり、ビジネスとは関係がないと思う人が多い。しかしながら、人権はすべての人が生まれながらに持っている権利であり、全く関係のない職業は存在しない。とりわけ1948年の世界人権宣言によって、人権を国内だけでなく国際的にも保障することが確認された。「米中新冷戦」という言葉があるように、政治的なテーマになることはあるが、ときに企業が国家並のパワーを持つこともある現代においては、企業自身がきちんとした意見を持たないといけないことは間違いない。

ところで、「スウェットショップ」の汚名をきせられたナイキは、ウイグル自治区での強制労働問題に対して「懸念」を示すなど踏み込んだ対応を見せている。同社は、2018年に、アメリカンフットボールのスタジアムで、人種差別問題に抗議して国歌を歌わずにアメフト界から事実上追放されたコリン・キャパニック選手への支持を公然と行い、本人の顔写真を大々的に起用した広告を展開した。日本企業がナイキの「変化」から学ぶべきことは多い。

「見えないリスク」と向き合う

次に、新たな資本主義が生まれた二つ目のポイントである、リーマンショックを機に広まった資本主義の「内省」について考えたい。

2008年以降に始まったリーマンショックは世界中を大不況に陥らせた。当時、多くの工場が操業を停止し、派遣社員を中心に雇用を失う人たちが続出した。私は当時、朝日新聞記者として、工場の人員削減が行われた九州や愛知県などの工場を取材し、さらに日本の自動車メーカーの首脳にも直接話を聞いた。当時、現場の社員から経営者まで、はっきりと言葉にできないまでも、資本主義の問題に、誰もが気づいていたことは伝わった。

また、アメリカを中心としたグローバルな経済界でも、より深い「内省」が始まっていると感じたのを覚えている。まずリーマンショックを機にアメリカの企業は二つの反省をした。一つ目は、見えないリスクに対する警戒感の足りなさに関する反省だ。リーマンショックは、サブプライムローンという金融商品に含まれた欠点が突如浮き彫りになり、これまでうまくいっていた資本主義のサイクルが逆回転するように猛スピードで多くの企業の経営を悪化させた。金融商品も、工場などのサプライチェーンも、グローバル化によって複雑に張り巡らされた現代では、見えないリスクがさまざまなところに潜んでいる。

そうした文脈でいうと、気候危機にもとづく自然災害も「見えないリスク」の一つだ。環境汚染による異常気象が、遠い途上国の自社工場や生産現場で起きれば、工場が豪雨で浸水したり、台風で作物が採れなくなったりして、経営に直結する。現地の食糧供給がダメージを受ければ、工場の従業員たちの生活に影響し、飢餓に近い状態になれば、時には暴動が起こる可能性もある。

現代ビジネスの経営者はこうしたリスクを常に頭に入れておかないといけない。ESG

やSDGsを大事にする投資家たちは、環境や社会課題を重視する企業に投資するという世界的な潮流に乗っかっているだけではなく、経営者自身がこうしたリスクを把握しているのかを確かめ、企業がしっかりとした中長期の計画にもとづいて運営されているのかを見ている。企業が優等生であるということは、企業が「見えないリスク」と向き合っているという証拠なのだ。リーマンショックを機に、優れた経営者とは、そのようなリスクを把握できる経営者だと見なされるようになった。

「自分たちのビジネスは社会にとってなぜ必要か？」

リーマンショックの二つ目の反省として、企業の存在意義を経営者や社員自身が問うようになった。経営者の高額報酬問題などがアメリカで話題になっていたこともあり、企業が社会のために本当に必要とされているのかという問題提起がなされた。

これからは、企業自身が自分たちのビジネスが社会にとってなぜ必要なのかを積極的にアピールしていかないといけない。アピールするだけではだめで、経営者や社員が本当にそのことに対して「腹落ち」するぐらい理解を深め、本業のビジネスをそのように展開して、社会に対して証明し続けないと、危機のときに、政府を含む国をあげての「支持」を得られないことが改めて浮き彫りになった。

ビジネスの本質はなるほど「金儲け」だが、リーマンショック前の金融業界や一部大企業のように、資本主義的なるものを突きつめれば突きつめるほど、消費者や一般市民の支持を失い、ビジネスが立ちゆかなくなり、社会から締め出されてしまうという矛盾がある。だから、みんなが「反省」し始めた。自分たちは金儲けに走りすぎていたのではないか、と。サブプライムローンをめぐる巨額損失や巨額の退職金が話題になっていた2009年当時のアメリカで、ハーバード・ビジネススクールのジェイ・ローシュ教授は次のようなことを述べたという。

「ビジネス教育にかかわる者は自問しないといけない。会社がぼろぼろなのに経営者が何百万ドルを持って立ち去り、社会にツケをまわす風潮にどんな役割をはたしてきたのか」

最近のSDGの流行も、大きな意味では、こうした「内省」に連なる。環境問題自体は1992年のリオサミットから、世界的な課題として認識されていた。ただ、こうした課題に取り組むのは、国家、科学者、NGOだというイメージがあった。その後、国連事務総長であり、アメリカのマサチューセッツ工科大学でビジネスを学んだコフィ・アナン氏の働きかけもあり、企業自身が環境問題に取り組むべきだという風潮が高まった。

2015年にSDGsが策定されたのは、アナン氏の功績が大きいが、私はリーマンショックを機に始まった「資本主義の内省」もポイントの一つだと思っている。

ナイキの不買運動などの象徴されるビジネス上の倫理観の向上や、資本主義の内省のほか、グローバル社会が「ニュー資本主義」（夫馬賢治氏）に移行している様子をここまで見てきた。さらに、リーマンショックを経て、アメリカでは仮想通貨やシェアリングエコノミー、そしてAIが活発になった。日本は危機を耐え忍ぶのは得意だが、欧米のように新たなシステムを作る好機だととらえることができない。では、日本企業はこれからどうするべきか。はたして「優等生」になれるのか。

サントリーと新時代の日本企業

ここからは具体的な企業をもとに考えていきたい。

まずは、ビールや清涼飲料で有名なサントリーを事例として取り上げる。私はこれまで数多くの企業を取材したり、ハフポスト時代に広告主企業と付き合ったりしてきたが、特に、サントリーの取材をしていると、日本企業の「自画像の模索」を感じることが多い。同社は企業としての「アイデンティティ」に自覚的な会社であり、その経営スタイルをめぐって葛藤や思考を繰り返しているように見える。アイデンティティ経済の時代では、企業が自らの存在と向き合うべき時であることを、サントリーを通して考えたい。

サントリーは社長の新浪剛史《にいなみたけし》氏が経営の舵取りを担っている。もともと三菱商事の社員で、商社時代にハーバード大学院でMBA（経営学修士）を取得し、40代でローソン社長に転じた。2014年、100年を超えるサントリーの歴史で初めて創業家出身者以外から社長に就任した。

この時、新聞を賑わせたのは「プロ経営者」という言葉だった。社内の生え抜き社員を社長にするのではなく、異なる業界でトップをつとめた人を経営者に迎えることを指している。当時、製薬大手のジョンソン・エンド・ジョンソンの日本法人トップをつとめた松本晃氏がカルビーのCEOになったり、日本コカ・コーラ出身の魚谷雅彦氏が資生堂のトップに就いたりするなど、外資系企業からの転身が話題になった。

新浪氏は外資系出身ではなかったものの、ローソン時代に、「ローソンを救うため」として早期退職制度で社員の約15％をリストラしたり、野菜や低糖質パンを扱う健康コンビニ路線を展開したりしたほか、世界のビジネスの動向に詳しいなど「やり手経営者」のイメージがあった。それまでサントリー社長をつとめていた創業家の佐治信忠氏は何度も「国際感覚」と新浪氏を選んだ理由を説明したように、改革が進まない日本企業を「外から変えてほしい」という思いがにじんでいた。

新浪氏のサントリー社長就任をきっかけに書かれた朝日新聞の記事（2014年7月15日）では、「日本は人口が減って高齢化も進み、成長が見込みにくい。多くの企業は海外事業の拡大を急いでおり、海外ビジネスの経験が豊かな『プロ経営者』に白羽の矢が立っている」と解説している。

「プロ経営者」という聞き慣れない言葉。かつて小泉首相が「改革」という言葉を多用したように、閉鎖的で停滞している日本の企業社会を「外の力」で一気に変えるという漠然とした図式を思い浮かべていることが見てとれる。しかし、すでに2020年代に向かっていた2014年当時、本当の意味でのビジネスの「グローバル化」とは、地球環境保護も企業利益も同時に追い求める難題への挑戦を意味していた。もちろん外資系企業のような経営合理化も必要だったが、一方で、それと並存していたSDGs的な視点に、朝日新聞の記者は気づいていなかったのではないか。これまで本書で見てきたように、世界経済が「ニュー資本主義」にシフトするなか、「グローバル化」といっても、それは旧来型の市場万能主義への対応を意味しない。

そのことを新浪氏自身は分かっているように見える。彼は2020年1月、世界各国のビジネスリーダーたちが集まるダボス会議に参加しているが、このときはグレタ・トゥーンベリさんも出席し、環境問題が最大のテーマの一つだった。

新浪氏は、インドネシアが拠点の環境NGOで、脱プラスチックに取り組む19歳の女性とともに登壇した。この女性は「(グローバルなメーカーは)消費者が求めているからプラスチックボトルを使い続けると言っているが、私たち消費者はそう思ってはいない」という趣旨の発言をし、企業にプラスチック削減などのさらなる対応を求めた。サントリーは2030年までに、自社のペットボトルを植物由来もしくはリサイクル素材に変えることを宣言している。さまざまなグローバルな動きを追いかけ、環境対応を積極的に進めているようだ。

世界的なアルコール離れの背景

消費者たちは、新しい倫理観をもとにしたアイデンティティや個人の価値観をこれからも主張していくことになる。

これからの10年、ビールなどのアルコールを扱うサントリーにとって、おそらく悩ましいのは、グレタ・トゥーンベリさん世代に近い20代のあいだで、世界的に起きているアルコール離れだ。ロンドンやニューヨークでは、アルコールを使わないカクテルバーが流行したり、アルコール度数の低い飲み物が売れたりしている。

若者の所得の低下などさまざまな理由が挙げられるものの、私は「価値観の変化」も大きいと感じている。WHO（世界保健機関）が2010年に「アルコールの有害な使用を低減するための世界戦略」を採択したことにより、欧米を中心にアルコールへの警戒心が強まっている。SDGsの目標3は「すべての人に健康と福祉を」だ。「アルコールの有害な摂取」を防止することも盛り込まれている。アルコール依存症や中毒症の問題、泥酔による暴力、健康志向の高まりなど、自分たちを律するためにも「ソーバー（しらふ）」であることを誇りに思う若い世代が増えてきているといえよう。

お酒を飲まないことが「優等生」であると言ってしまうと、ビール好きの読者に怒られそうだが、ビールを扱う企業が優等生的な消費者にますます囲まれていくだろうことは、これからのビジネスを考えるうえで興味深い現象だ。

私は2016年、ハフポストの編集長になってすぐに「飲み会をやめよう」という企画をやった。飲酒文化のあり方を読者と考えることが目的だった。始めてみると、「だったら、お前は酒を一滴も飲まないのか」という反応があった。そんなことはない。ビールは好きだし、ハメを外すことだってある。しかしながら、飲み会がなくなれば、日本社会のビジネスの慣習や人づきあいのあり方がどう変わっていくかを考えていくことが大切なのだ。タバコや公衆電話のように、お酒の存在感が薄くなっていくかもしれない。SDGsとは「ゼロからすべてを疑うこと」を、私たちビジネスパーソンに求めているのだ。

ジェンダーと広告

アルコールのあり方を問い直すもう一つの視点として「ジェンダー」が挙げられる。サントリービールは2017年夏、あるPR動画によって炎上を経験している。「絶頂うまい出張」と銘打たれた動画では、日本全国の出張先で女性と出会い、食事を共にするシーンが描かれた。主人公の「視線」でカメラは回るのだが、出演している女性が「肉汁いっぱい出ました」「コックゥ〜ん！しちゃった」などのセリフを連発。「男性にとって都合が良い女性像を性的に表現している」「性差別的な見せ方をしている」と批判が寄せられ、最終的に動画は削除された。

私はこの動画について新浪氏に直接聞いたことがある。新浪氏は反省の弁を述べるとともに、同社のようなお酒の会社がかつて「男性社会」であったことを挙げ、そうした文化を社内で変え続けていることを伝えた。

サントリーに限らず、アルコールはしばしば「強い男性」の象徴として広告などで描かれることがあった。サラリーマン同士が集まって乾杯をするCMや、水着の女性が微笑むポスターなどを思い浮かべる読者も多いだろう。しかし、そうしたあり方は変わってきている。

たとえば、南アフリカなどで有名なビールブランドであるカーリング・ブラックラベルは、男性の「飲酒問題」に正面から向き合った。南アフリカでは、過剰な飲酒による女性を標的とした殺人や暴力が問題となっていた。そこで同社は、暴力防止キャンペーンを大々的に展開し、男性向けの飲酒研修を実施。ビールの世界大手であるABインベブも、ビール販売量のうちノンアルコールもしくは低アルコールビールが占める割合を2025年までに20%に高めようとしている。

こうした取り組みは「パーパスブランディング」と呼ばれ、欧米企業を中心に広まっている。パーパスとは「目的」という意味だ。企業は何を目指しているのか。何のために存在しているのか。どうすれば社会課題の解決に貢献できるのか。そうしたことを深く問い、企業理念を練り直して対外的に発信する手法のことを指す。日本だと依然として「きれいごと」ととらえられることが多いが、消費者自身が内面の価値観を重んじ、アイデンティティを賭けた訴えをSNSなどで展開する現代において、企業自身も、自分たちのアイデンティティを確立し対外的に表明しないと、消費者の支持が得られない時代なのだ。

このような企業の優等生化と、その背景にある、「資本主義の内省」の流れなどのグローバル社会のリアリズム。サントリーはそれと、どう向き合っているのか。そこには「あるジレンマ」があると私は見ている。そのジレンマはこれからの日本企業のアイデンティティティを考えるうえで示唆に富むはずだ。

日本企業が直面するジレンマ

そもそもサントリーは「水と生きる」というメッセージを掲げ、自らの企業価値を突きつめてきた企業でもある。ビールや清涼飲料水のベースとなっている水資源をはじめとした地球資源を大事にしている。水不足は人の命にも直結し、国際的には紛争の原因にもなる重大なテーマだ。その他にも、「利益三分主義」を掲げ、「私たちの事業は、お得意先やお取引先、そしてこの社会のおかげで成り立っています」と堂々と公式サイトで宣言している。サントリー美術館やサントリー学芸賞などの文化貢献活動にも熱心で、ＳＤＧｓを先取りしたかのような企業カルチャーがある。先ほど紹介した最近の言葉でいえば「パーパスブランディング」に通じるところだ。

その一方で、新浪氏が「プロ経営者」として外部から招かれたように、サントリーを取り巻く経済環境は厳しく、国内市場が縮小して海外の企業との競争も激化している。

私は２０１９年夏、中国・大連で開かれたダボス会議に参加した際に、新浪氏と立ち話をした。彼は「グローバル化のさまざまの流れがあるなか、日本企業のあり方を考えるのは非常に難しい。ダボス会議のような場に来て海外の流れを吸収し、さらに日本のビジネスの考えを国際的に発信する人がもっと必要だ」と語っていた。

その言葉の真意はどこにあるのだろうか。少し検討していきたい。サントリーは2014年に「ジムビーム」「メーカーズマーク」のブランドのウイスキーで有名なアメリカのビーム社を買収している。

2020年1月28日の朝日新聞「GLOBE＋」によると、ビーム社の蒸留所は、日本でも馴染みが深い「ものづくり」へのこだわりが強い。短期的利益とは別の価値観を持っているようだ。一方、本社機能があるシカゴはファイナンスやマーケティングの発想が強いという。ビーム社のトップのほうが新浪氏より給料が高い。そうしたビーム社に対して、サントリーはCEOに現場の工場を回らせて「日本型経営」ともいえる企業文化の大切さを説いている。

SDGsには日本的な企業のやり方を生かせる部分がある。だからといって、新浪氏はそれを「日本企業のやり方がすべて正しい」とも思っていない。アメリカなどでは、株主の利益ばかりを考える資本主義は転換期を迎えているとはいえ、日本は手放しで喜べない。そもそも日本は株主や利益率へのコミットが弱いとされてきた。ある意味で厳しい資本主義のことを学ばないと国際社会で戦えない。

ここにジレンマがあることにお気づきだろうか。創業100年以上のサントリーに見られるように、中長期的な視点でビジネスを考えるのは、実は日本企業が得意とするところだった。しかし一方で、サントリーのことではないが、そうした風土が、年功序列や終身雇用など同質性の高い集団を生み出し、そのために日本企業はグローバル化の流れに取り残された。利益や生産性を重視する株主第一主義にもとづく資本主義から学ぶこともまだまだ多い。アメリカ自身は、「株主第一主義」から脱しようとしているが、そもそも株主を重視して生産性を上げていく姿勢を、日本企業はまだ学びきっていない。

さらに複雑なのは、そうしたプレッシャーを与える株主自身が環境問題や社会課題などに関心を持ち、中長期的な成長を望んでいることだ。だからこそ株主の言うことを聞くことが、環境問題などに取り組む「優等生」であることに結びつく。

大変な難題に日本企業は直面している。日本企業は古い慣習から脱しつつ、日本企業の良さもアップデートさせたうえで守らないといけない。離れつつ、守っていくというまさに「離れ業」をやってのけなくてはいけないのだ。

あなたの会社はどのような企業で、なぜ存在しているのか。何のためにビジネスを行っているのか。消費者などのSDGs市民たちは、こうした問いを企業に突きつける。それは、「炎上が怖いから、きれいごとを言おう」「マスコミがうるさいからSDGsに仕方なく取り組む」という受動的な姿勢ではなく、会社が自分たちのスタンスを根本的に見つめ直さなければ答えられない問いだ。

これを読んでいるビジネスパーソンのみなさんは、社員であろうが管理職であろうが、あるいは経営幹部であろうが、この問いに向き合ってほしいと思って私はこの本を書いている。どうだろうか？　盗んだバイクで走り出したい、という思いは消えつつあるだろうか。

「アイデンティティ」を売るサイボウズ

ところで「優等生企業」について語る場合に外せない企業がある。スケジュールや会社の資料など仕事の情報共有ツール「グループウェア」を手がけるサイボウズだ。どちらかというと地味な分野の企業だ。ところが、就職活動中の学生を取材していると、サイボウズは名前の挙がる企業の一つだ。なぜなのか。それはサイボウズが、単に商品やサービスを販売しているのではなく、企業で働く人たちの「アイデンティティ」を売っているからだ。

サイボウズの商品を使えば、スケジュール管理がうまくいったり、社内の情報共有が効率化されたりする。一言でいえば、「仕事の進め方がスムーズになる」。

サイボウズがうまいのは、これらのツールを使うことで、効率化が進むだけでなく、日本企業の「働き方改革」も進むという点を強調していることだ。サイボウズのツールを使って仕事の無駄が減れば、必要のない会議に費やしていた時間を、同僚と新しいアイデアを生む時間にできるかもしれない。あるいは情報共有が進むことで、社内の派閥や偉い人への根回しが幅を利かす会社ではなく、フラットな会社になる可能性がある。

「家族との時間、＋40時間できるんじゃない？」

サイボウズのサービスの売り文句にはそのような言葉が並ぶ。家族と過ごす時間を増やし、ワークライフバランスを追求したいという現代人のアイデンティティに訴えかける。

「残業なしといっても、持ち帰る仕事が多くなれば、かばんが重くなるだけです」

「会社には結果を早く出せオジサンと、残業せず早く帰れオジサンがいる。両方とも逆のことを言っているが、社員を信じていない点で同じだ」

私は、サイボウズの青野慶久《よしひさ》社長と一緒にイベントに出たことがあるが、そういうことを聴衆に向かって言うことに驚いた。「この人なら、働き手である自分の気持ちを分かってくれる」という気分にさせるのが上手なのだ。結果的にサイボウズのファンになり、商品やサービスを買い求める人も出てくるのだろう。ＰＲが戦略的だ、と分析することもできるのだが、そう簡単に結論を出してしまうと見失うものがある。

サイボウズが有名になるきっかけの一つは、２０１２年に「サイボウズ式」という自社サイトを開設したことだった。商品の宣伝で固めず、読者にとってタメになるコンテンツをひたすら載せていくという、企業サイトらしからぬ編集方針を採った。働き方改革が叫ばれた２０１０年代の波に乗り、サイボウズ式は、さまざまな働き方を考えるインタビューや記事を次々と載せていく。サイボウズ自身の職場改革も進み、「１００人の社員がいたら１００通りの人事制度が必要だ」という青野社長の理念のもと、一人ひとりの社員に合った働き方を奨励していった。副業もどんどん社員に勧めるほどの徹底ぶりだ。青野社長には子どもが3人いるが、育児のために休んだり時短勤務をしたりしている。

このように徹底した「企業アイデンティティ」が確立されると、顧客の受け止め方も変わってくる。サイボウズのツールを使ったり、あるいはサイボウズを好きだと公言したりすることが、単にオフィスの業務を効率化させるだけではなく、「自分は働き方改革にコミットしている」というアイデンティティを形成することにつながっていく。かつてサイボウズは社員の離職率が28%を超える「ブラック企業」でもあった。そうした負の歴史を乗り越えてきた点も積極的に公開し、顧客の心に訴えている。

働き方をめぐっては、猛烈に働くことを是とする人もいれば、自由な働き方こそ人間性を育むと信じる人もいる。「働き方」をめぐる議論は、ともすると一種の「イデオロギー」対立になりやすい。理念的な議論が中心になり、なかなか結論が出ないこともあるだろう。そうしたなか、サイボウズは、働き方をめぐる議論を自社のサービスに落とし込み、こうした商品を使うことを通して、顧客となるユーザーが自分たちの仕事観を表現するスタイルを生み出した。

「個人の言葉」で語るサイボウズ社長

さらに興味深いのは、青野社長は「夫婦別姓」問題でも論陣を張っているという点だ。結婚時に夫婦別姓を選べない日本の制度は法の下の平等を保障する憲法に反するとして、国に賠償を求める訴えを起こした。

青野社長自身は、結婚を機に妻の姓を選んでいるため、「青野」は通称だ。夫婦別姓を選べないため個人的な不便さを感じるという。夫婦は同じ名字であるべきだと考える保守派からの批判もすさまじく、このような裁判を起こしてもサイボウズの企業業績にはプラスにならないように見える。私も本人のツイッターを見ていると、社員でもないのに冷や冷やする。自分の会社のトップがネット上で袋叩きにあっていたら、気が気でないはずだ。

しかし、私がサイボウズの現役の社員を取材すると、「青野社長がこうした訴えをするのは納得感がある」と答えた。もちろん夫婦の姓をめぐる考えは人それぞれだ。社員にも「夫婦は同じ名字であるべきだ」と考える人はいるだろう。ただ、サイボウズが自由でフェアな働き方を実現したいというメッセージを発信していることと、青野社長がたとえ個人としてであっても「夫婦別姓」を支持することは、どこかでつながっていると社員は考えているようだ。

夫婦は家族であるもののそれぞれが自立した存在であり、好きな姓を名乗りたいのは当然のことだと私自身は思う。青野社長が「夫婦同姓を選びたい人はそう選んでもいい」として、あくまでも「選択式」の夫婦別姓を望んでいるように、各夫婦がしっくりくる姓を選べばいい。青野社長は「それぞれに合った生き方を選び、多様性を尊重する」という立場をシンプルに貫いているだけなのだろう。企業が消費者に対して自らのアイデンティティを伝え、ビジネスに落とし込むということをここまで徹底しているのだ。

ちなみに青野社長はツイッターで反対意見とよく向き合っているが、切り返しも見事だ。「夫婦同姓は日本の伝統だ」という批判には、「では明日からチョンマゲにしてください」という趣旨の答えを返す。「お前は左翼だ」と言われたら、「小学校時代は外野手ではなくショートでした。右投げ左打ちです」と返事する。思想的な立場を表す左翼という言葉を、野球のレフトである「左翼」に読み替えて、ユーモアを交えて答えているのだ。さらに

「別姓にしたら家族の一体感が失われる」と指摘されたら、「家族でペアルックを着たほうが一体感が高まる」と答える。「社長」や「組織」ではなく、あくまで「個人の言葉」で語っていることが見て取れる。

現代の消費者は、自分が買う商品に、自らの価値観とマッチするものが感じられるかどうかを大事にしている。そうした「個人的なこと」を起点とする思いに応え、物やサービスを販売している企業が、グローバル化とデジタル化が進む現代社会で勢いを増しているのだ。

第三章

「正しさ」を求める消費者たち

ここまでの議論を少し整理しておきたい。第一章では、企業社会に変化を促すＳＤＧｓ市民たちの動きを見てきた。そうした市民と向き合い、企業が優等生化している姿を第二章で分析した。「市民」と「企業」に続いて、第三章では、新しいタイプの「消費者」について検討していく。彼女たちや彼らもまた、現代ビジネスを変えていく重要なプレーヤーである。

消費者が有権者化する⁉

一時的な気分に市民たちが流されるポピュリズム型の政治について、「有権者の消費者化」が起きている、と批判的に表現されることがある。買い物客がショッピングを楽しむように、感情に任せて投票する。自分たちの生活を快適にして、気分をよくしてくれる政治家に頼り切ってしまう。そんなあり方を指す言葉だ。ところが、現代のビジネスでは逆のことが起きている。「消費者の有権者化」だ。

私たちがスーパーで食料品を買うのは、お腹を満たすためだ。「おいしさ」や「満腹感」を求めてお金を支払う。だが、これからは「おいしさ」だけでは消費者は満足させられない。たとえば、牛のゲップから排出されるメタンガスの温室効果は、二酸化炭素の20倍を超すとされ、世界中の牛を合わせるとかなりの量になる。畜産業を見ても、飼料の生産や輸送による環境負荷の増大が指摘されている。そのため、地球温暖化対策のため牛肉を食べない人が出てきている。今後は、大豆などを用いてつくられた「牛肉0%のミート」を食べることが、消費者にとって「正しい」選択になる可能性があり、食品業界や外食産業は対応を迫られている。これまで「正しさ」をめぐってアクションを起こすとすれば選挙での投票やデモなどで、いずれも政治的な行為だった。だが、SDGs時代においては、私たちの購買行動も、「正しさ」をめぐって展開することになる。

私がこのことを意識するようになったのは、2019年の参院選のときだった。「Tapista」というタピオカ店で、クリエイティブディレクターの辻愛沙子さんが、あるキャンペーンをおこなった。選挙に行ったことを示す投票済み証明書などをお店に提示すれば、タピオカドリンクが半額になるという企画だった。1日で3000人以上が訪れたという。実際、選挙に行ってタピオカドリンクを飲んだことを、多くの人がインスタグラムやツイッターに投稿していた。

辻さんのこの企画に関心があった私は、そうした投稿をスマホ上で追っていた。不思議なことに、写真にうつったお客さんたちは「消費者」というより「有権者」に見えてきた。

若者の投票率の低迷が指摘されるなか、「自分たちは政治に参加しているよ」とポップに表現する新たなデモのようだった。

ところで、辻さんはなぜこのキャンペーンを企画したのだろうか。ある週刊誌がタピオカブームを皮肉って、「若い女性が何も考えずに行列に並んでいる」というトーンの記事を載せたことがきっかけだったという。「若い女性にブーム」という記事は、女性たちを軽蔑している。何も考えず、自主性もなく、その時々の流行に左右される烏合の衆というニュアンスだ。辻さんは「タピオカを飲みに来る女性が、政治のことを考えている」ことを伝えようとした。私たちは消費者でもあり、政治的市民でもあり、いつも複数のアイデンティティを持つ。消費者もまた有権者なのだ。

先に私は「消費者が有権者化」して、自らが「正しい」と思う消費を行うようになっていると述べた。「男性は外で働き、女性は家庭」というジェンダー役割分業に起因する不平等についても、身近な商品をきっかけに語られる。

以下では「冷凍餃子」をめぐる、あるエピソードを紹介する。冷凍餃子。私自身、新型コロナウイルスの感染拡大で外食を控えていた頃、自宅で料理をするとき、ずいぶんと助けられた。いま、本書を読んでいるみなさんの冷凍庫の中にも、一つや二つはストックしてあるのではないだろうか。もしお昼時なら、この本をいったん脇に置いてもらって、ランチの時間にするのはどうだろう。あるいは現在、夜食タイムだろうか。ここまで読み進めてくれて、本当にありがとうございます。本を書くのは一種の体力勝負です。私もお腹が少し空いてきました。

「冷凍餃子」論争

2020年8月、ある女性がツイッターにこんな投稿をした。それは次のような内容だった。

ある日、冷凍餃子を夕食のおかずに出した。すると、夫(パートナー)から「手抜きだよ」と言われた。手料理とは異なり、簡単に調理できるメニューだったからだろう。このことを説明する女性のツイートの文言には悲しみが漂っていた。夫への怒りも込められていたように私には読めた。多くの人がツイッターで反応した。冷凍餃子を食卓に並べるのは手抜きなのか。手料理がそんなにすばらしいのか。「冷凍餃子」論争が起きた。

有名企業の「味の素冷凍食品」がこの女性のツイッターを見て、すぐに反応する。冷凍餃子を扱う会社だ。会社の公式アカウントを通して、「冷凍餃子を使うことは手抜きではなく、〝手間抜き〟です」という内容の投稿をツイッター上で行ったのだ。

第一章で、シャープの「中の人」が上手にSNSを使っていることを議論したことを覚えている読者もいるだろう。味の素冷凍食品のツイッターで投稿した「中の人」自身が、2人の子どもを持つ母親だった。冷凍餃子は「手抜き」では決してない、というユニークなこの投稿には、賛同を表す「いいね！」が40万もついた。テレビでも取り上げられた。

最初の投稿をした女性も、ツイッターで反応した味の素冷凍食品の「中の人」も、単に餃子について議論したかったのではない。ここまで読んでくれた読者にはお分かりだろう。この女性も、ツイッターで投稿した味の素冷凍食品の人も、「冷凍餃子」を通して「自分の価値観」を表現した。「冷凍餃子を食卓に並べることは、何も悪いことではない」「私は、冷凍食品をうまく使いながら、家事も仕事もこなしている」という、大げさに言えば、アイデンティティの証明を行ったのだ。

多少うがった見方をすれば、味の素冷凍食品がSNS時代のPR戦略に長けていたと見ることもできよう。しかし、そんなことは些細なことだと私は思う。たとえそこに、味の素冷凍食品という企業名を売り込みたいという思惑があったとしても、その根底には、ツイッターの「中の人」の「個人的なこと」をめぐる思いがあった。

「個人的なこと」が大事にされる時代において、戦略や思惑は、重要ではない。しょせんそれは、表面的なことだ。むしろ、本当に重要なのは、企業の商品担当者や消費者を中心とした「ビジネスの現場にいる人たち」の内面なのだ。そしてそれは、どれほど素敵なパッケージで商品を包装しても、人気タレントを起用して派手なCMを流しても、あるいはビジネスセミナーで教えられるような洗練されたSNSマーケティング手法を使ったとしても、にじみ出てしまうものだ。

冷凍餃子を「手抜き」だと考えた女性の夫には、「家庭料理は、妻がゼロから作って当然だ」という偏見が潜んでいたのに違いない。しかもそれは、この夫だけの話ではないようだ。データから、そのことは読み取れる。

日本の男女の家事・育児・介護の時間の平均を調べると、1日あたり、女性は208分。男性は44分にすぎない。1990年代半ばには、共働き世帯が専業主婦世帯を数で抜いたとはいえ、今なお「家事は女性がするものだ」という偏見は根強く残る。「冷凍餃子は『手抜き』ではない」いう投稿を支持した多くの人たちは、普段からこうした偏見に押しつぶされそうになっているのだろう。育児や家事を押しつけられ、見えない家事の負担が押し寄せてくるのが現実なのかもしれない。

ある40代女性の話

味の素冷凍食品は公式ツイッターでさらに発信を続けた。冷凍餃子は、従業員が手間と愛情を込めて作っていると説明。冷凍餃子をつくるには144もの工程があり、キャベツを手作業で刻み、ニラとにんにくを混ぜ合わせ、薄い皮に丁寧に餡《あん》をつめていくなど、「手間をかけている」と強調した。味の素冷凍食品はこの工程を約1分15秒の映像にまとめ、「最後の仕上げは、あなたのフライパンで」というメッセージを打ち出した。

戦略PRの第一人者として知られる本田哲也氏は著書『ナラティブカンパニー』（東洋経済新報社）で、「物語を生み出す」力が企業に求められていると指摘する。同書では味の素冷凍食品のことも取り上げられているが、冷凍餃子をつくる工程を同社がオープンにしたうえで、最後に「あなたのフライパンで仕上げてください」と呼びかけたことで消費者が同じ物語に参加するという共通体験の構造を作り上げたことを、企業PRの視点から高く評価している。個人的なことを、PR戦略という「経済的なこと」に昇華させるために、ナラティブ（ストーリーの構造で語りかけること）の大切さを説いた好著だ。

私は、この冷凍餃子論争がSNSで盛り上がっているとき、ある40代女性に話を聞いた。この女性は20代で結婚し、20年近く仕事と家事を両立させてきた。子どもはいない。自分より帰宅が遅いことが多い夫のために、平日はできるだけ食事を用意してきた。週末につくった料理を冷凍しておき、レンジで温めて出す。炊飯器にお米をセットしておき、スーパーで惣菜を買って帰って夕食に出すこともあった。どうしてもキツいときは、お金はかかるが、出前を頼んだ。残業もなく仕事が終わった日には、得意料理のビーフストロガノフをつくることもある。そうすると夫は決まってこう言う。

「お、今日は久しぶりの得意料理だね。仕事の疲れが一気に吹き飛ぶよ」

夫は悪気があって言っているわけではない。ただ、「仕事の疲れが吹き飛ぶ」と言われると、自分だけが仕事をしていると思っているみたいだ、と感じるという。妻である自分は「疲れていないはず」と思われているような気分になる。そんなとき、「冷凍食品は手抜きではない」と訴えるツイートが目に入ってきた。押し殺していた感情が爆発した。

自分は毎日、ビーフストロガノフをつくることは、できない。でもだからといって、家庭も、仕事も、手抜きをしてきたわけではない。むしろ一生懸命やってきた。自分自身も冷凍食品を愛用している。そして、それは恥ずかしいことではない。スマホのツイートを見ながら、自分と同じような人がいたと感じ、女性は救われた気持ちになったという。

それ以降、スーパーでの買い物が楽になった。ずらり並んだ冷凍食品。それを手に取っている、同じような年代のスーツ姿の女性を見ると応援したくなる。「私も冷凍食品を買っている。それは手抜きでもなく、むしろ一生懸命生きている証拠だ」。そう自分に言い聞かせながら。いつかは夫とも話をするつもりでいる。

「モノ言う」消費者たちとSNS

冷凍餃子論争からは何が読み取れるだろうか。ここからは、SNSというメディア環境の変化によってもたらされた「モノ言う」消費者の特徴を三つにまとめて見ていきたい。

まず一つ目は、SNSはさまざまな声を可視化するということだ。当たり前のことだが、SNSが出てきたことで、日本の消費者が突然、モノを考えて意見を持つようになったわけではない。アイデンティティと消費行動を、いきなり結びつけるようになったわけでもない。正確に言えば、私たちのような消費者同士のみならず、企業の商品担当者を含むみんなにとって、さまざまな声が「よく見える」ようになったのだ。

消費がアイデンティティと結びつき始めたこと自体は、多くの経営者や論者によって既に「発見」されていたことだ。ただ、それがはっきりと見えているのは経営者らであって、先ほどの冷凍餃子のツイートに共感した女性のように、消費者同士を含む、みんなにとってクリアに見えているわけではなかった。

たとえば、1983年にTSUTAYAを創業し、蔦屋書店などを全国展開するカルチュア・コンビニエンス・クラブ（CCC）を築いた増田宗昭《むねあき》氏（私が所属するPIVOTは増田氏から出資を受けている）によると、消費社会の発展は三段階に分けて考えられるという。

第一段階は「不足の時代」だ。戦後の混乱期から高度成長期にかけて、多くの人は生き延びるためにモノを買った。そもそもモノが不足していたから、食べ物があれば売れたし、自動車や洗濯機も需要が伸びていった。二段階目はプラットフォームの時代。モノがあふれると多くの人は選ぶのに困ってくる。そこで、何でもそろう家電量販店や総合スーパーなどを重宝するようになる。書籍だけでなくCDもDVDも並ぶTSUTAYAもまたプラットフォームだった。

そのあとの三段階目において、企業は顧客にライフスタイルを「提案」しないと生き残れないのだという。プラットフォームは、街中のみならずネット上に乱立するようになった。楽天やアマゾンなどのECサイトだ。

TSUTAYAでは差別化を図るため、商品を売るだけでなく、「提案」することを心がけていると増田氏は述べている。「消費者のアイデンティティ」に訴えかけることを重視しているのだ。

たとえばTSUTAYAの店舗には、映画のDVDも、本もCDも売っているし、カフェが併設されているところもある。ハードボイルドの映画ファンなら、チャンドラーの小説が好きである可能性があり、同時にクールなジャズも好みかもしれない。さらに休日の日はゆっくりとコーヒーを飲みながら物思いにふけるようなタイプであることも考えられる。そのため、さまざまな商品をそろえて、映画も小説もコーヒーも、どこか共通した「スタイル」を好む顧客に、企業側から楽しみ方を提案するビジネスが求められるという。

可視化される「みんなの生身の声」

手元に『東京人』という雑誌がある。

1990年11月号では「東京から地球環境を考える」という特集が組まれている。SDGsが策定される25年前だ。この特集では朝日新聞編集委員（当時）の石弘之氏が、ゴミの削減を考えてガレージセールを始めたり、ゴミの分別収集を始めたりした市民たちの動きを紹介している。また、「エコロジーがトレンディだなんて」と銘打って、コラムニストの中野翠氏と泉麻人氏が対談をしている。そこではファッション関係者が地球環境問題を考えている点など、エコロジー運動に新しい側面を見出しつつも、単なるブームになってしまう危険性をシニカルに指摘している。雑誌は「時代の空気」をつかむことが得意なメディアなので、当時、そうした雰囲気があったのは間違いないと言えるだろう。

CCC創業者の増田氏が発見したように、また1990年の雑誌『東京人』が時代の空気をつかんでいたように、価値観を買い物に反映させる消費者はすでに存在していた。

しかしSNSが広まっている現代社会において、それと違うのは、本当にそういう人がいるということが目にみえて分かることだ。それはコラムニストや有識者を通して浮かび上がってくる「時代の空気」でもなく、消費者アンケートで浮かび上がる「数字のデータ」でもなく、生身の人間の言葉として目に入ってくる。スマートフォンを立ち上げて、ツイッターやインスタグラム、フェイスブックを見ればすぐに分かる。これは非常に大きいと私は思う。冷凍餃子論争で見られた「ひりひりとした生の言葉」に誰もが触れられるようになったのだ。

朝日新聞編集委員だった石氏が言うように、市民が環境問題などに関心を持つのは1990年代から既に起きていたことだったのだろう。今やそれが、メディアを通して伝えられるのではなく、ツイッターを開けば生々しく感じられるものになった。「市民が個人として関心を持っている」ことが分かる具体的な言葉がSNS上にはあふれている。

こうした生身の声は、メディアや有識者のフィルターがかかっていない分、「よそ行き」の言葉ではない。「個人的なこと」がリアルかつ鮮やかに浮かび上がっているのだ。

またたく間に形成される「私たち」

次に、「モノ言う」消費者の二つ目の特徴について考える。それは、他人とつながるスピードだ。自分の身の回りにいる家族や職場の同僚を飛び越えて、どこにいるかも分からない「自分と同じような価値観を持った別の消費者」と素早く関係が築ける。

ツイッターで欠かせない機能の一つとして「ハッシュタグ」が挙げられる。自分が投稿するツイートに「#」をつけ、それに続けて関心のあるキーワードを入れることで、同じような問題関心を持つ人とつながることができる。「冷凍餃子は手抜きなのか」論争のときは、「#冷凍餃子」や「#手抜き」というハッシュタグが生まれた。その言葉で検索をすれば、多くの人の意見を誰でも読むことができた。

本書では、「アイデンティティ」という言葉を、自分の中の「本当の自分」を探しあて、同じような価値観を持った集団を見つけ、社会からの承認を求める際の「尊厳の土台」という意味で使っている。所属集団を見つけるのにハッシュタグはうってつけだ。餃子をテーマに、「アイデンティティ」という大それたものを議論するのは少々気が引けるが、今まで冷凍食品を使うことで感じていた心の葛藤が、自立した個人としてのアイデンティティに関わる問題だ。冷凍餃子は、現代社会においては大ごとなのだ。

アメリカ在住の文筆家の佐久間裕美子氏は『We（ウィ）の市民革命』（朝日出版社）で、Z世代などの消費者たちが企業に対し抗議の声を上げる様子を鮮やかに描き出している。彼女や彼らは、銃規制を求めたり、環境問題の改善を促したりすることを重視している。「アメリカでは『私たち』のムーブメントが起きている」ということを同書は活写している。

佐久間氏のこの本でも紹介されているが、総合コンサルティング会社のアクセンチュアは、新しい消費者が「ミー（私）」から「ウィ（私たち）」へと変化しているとする報告書を出した。アクセンチュアによって、世界35カ国2万9500人の消費者を対象に2018年に行われた調査では、6割の消費者がプラスチックの削減や、公平で透明性のある雇用環境の確保を企業に求めていることが分かった。これまで消費者は「ミー（私）が欲しいものをくれ」と企業に要求してきたのに対して、現在は「私たち（ウィー）の価値観に沿った理念をサポートしてくれる」ことをビジネスに求めているのだという。

「私」から「私たち」へという価値観の変化は、孤独だと思っていた「私」がツイッターのハッシュタグによって、同じような「私」とつながることができ、瞬時に「私たち」を形成できるというSNS上の現象とも適合的だ。SNSがそうした傾向を加速させているのは間違いない。インターネットは「私」という個人のメディアとして語られがちだが、「私たち」というアイデンティティを形成するメディアだったのだ。ここで注意が必要なのは、さまざまな「私たち」がこうして形成されたとき、異なる価値観を持つ「私たち」同士が衝突する可能性もあるということだ。こうした負の側面は、第四章で詳しく見ていきたい。

「モノ言う消費者」、三つ目の特徴

最後に、ＳＮＳが浮き彫りにした「モノ言う消費者」の三つ目の特徴について考える。餃子の話をしたので、ビールの話題を取り上げる。餃子と言えば、冷たいビールだ。

この章では「消費者」という言葉を使ってきたが、実はこの言葉は、実態を表すうえで、あまり適切な言葉ではない。「消費者」という人は厳密にいえば存在せず、あくまでも買い物をする瞬間だけ「消費者」であるに過ぎない。そのことを改めて考えてみたい。

たとえばビールメーカーの営業担当者は、勤務時間中は企業の「社員」という立場だが、就業時間を過ぎて一歩でもオフィスを出れば、社員という立場を離れる。私の知人でキリンビールにつとめている人がいる。休みの日は「裏切って」、サントリーのビールを飲むという。コンビニエンスストアに行くと目移りするそうだ。そんなときの彼は、ライバル企業の商品も含めて多彩なビールをコンビニで購入する「消費者」である。

あるいは、そのコンビニの店内で、商品を物色しながら子どもとＬＩＮＥでメッセージのやり取りを始めれば、彼は「保護者」になる。レジで並んでいるわずかな時間を使って、上司からの面倒なメールをスマートフォンで返事しようとしている「部下」になるときもあるだろう。携帯で株のやりとりをする「投資家」にもなり得る。

スマートフォンを手にした私たちは、24時間３６５日、企業の社員でもあり、消費者でもあり、保護者でもあり、部下でもあることを、同時多発的に求められるようになった。この複数性という現象は、これからのビジネスを考えるうえで圧倒的に大事なことである。

アイデンティティ経済学

ところで、アイデンティティという概念を経済学のモデルに組み込もうとする「アイデンティティ経済学」という注目の研究領域がある。ノーベル経済学賞を受賞したジョージ・アカロフ氏やレイチェル・クラントン氏らが唱えている。

経済学では、個人の行動を考えるとき、「効用関数」を使う。個人の好みを数値化する手法のことだ。たとえば、ビールよりレモンサワーが好きな人がいたとして、レモンサワーを飲むことで得られる効用は2、ビールからは1の効用が得られるとすれば、この人はレモンサワーを選ぶはずだ。ここでは個人は、効用を最大化しようと合理的に動く存在だと想定されている。アカロフとクラントンの両氏は、こうした経済学のモデルに「アイデンティティ」の要素を組み込んだ。

興味深いのはタバコを吸う女性の事例だ。1920年代、タバコを吸う男性のほうが、喫煙する女性よりも6割も多かったという。1990年になると、そのギャップはほとんどなくなった。これまでの経済学では、男女の賃金格差に着目して、女性がタバコを買う余裕がなかったのではないかと仮説をたてる。だが、高所得の女性でもタバコを吸わない人はいる。女性だけがタバコをマズいと思っていたわけではないだろう。タバコの味が性別によって異なるということはあり得ない。

それに対して「アイデンティティ経済学」では、「女性がタバコを吸ってもおかしくない」というアイデンティティを充足させることも「効用」の一部だと考える。もし「女性もタバコを吸っていい」という社会規範があれば、女性もタバコを吸う。逆に「女性はタバコを吸うべきではない」という強い社会的規範があれば、たとえタバコを吸うことによるリラックス効果があったとしても、他人から白い目で見られることになり、「効用」は減ってしまう。そう考えたのだ。

1970年以降のフェミニズム運動によって、タバコは男性が吸うものだという偏見が取り除かれたことが、女性の喫煙率上昇につながったという。アカロフ氏とクラントン氏はこのように説明する。

逆にタバコを吸うことが好ましくないとされる現代では、タバコが売れなくなる。2019年4月24日の日本経済新聞夕刊によると、国内のたばこ販売量は1996年をピークに右肩下がりだという。1960年代には男性の8割がタバコを吸っていたが、吸わない人は確実に増えた。値上げなどの要因もあるが、「タバコを吸うことが恥ずかしい」

というように、喫煙が「アイデンティティを毀損する行為」になったことも大きいはずだ。

タバコ以外にも色々なところで、アイデンティティにもとづく消費の変化は見られる。アカロフ氏とクラントン氏の『アイデンティティ経済学』（東洋経済新報社）の解説を書いた山形浩生氏も日常的な事例を挙げているが、たとえば、ノーネクタイ用のシャツを買う会社員がこの十数年で増えたことも、「アイデンティティ」が関わっているかもしれない。小池百合子氏が環境相時代に提唱した「クールビズ」によって、男性がネクタイをしなくても失礼ではないという社会規範が広まり、ノータイで職場に行っても「男性としてのアイデンティティ」を失わないと判断したために、多くの人が、ノータイ用のシャツを買い求めた可能性がある。そこには「お金」だけでは計れない人間の複雑な心の動きがある。買い物は「個人的なこと」のように見えて、実は「みんなからの視線」が織り込まれた行為でもあるのだ。

アイデンティティ経済学が画期的なのは、消費者がモノを買うときに、値段の安さや、商品が持っている性能（タバコがおいしい、喫煙によってリラックスできる等）だけでなく、自分が自分であることを体現してくれるかどうか、あるいは自分が自分であることを傷つけないかどうかも判断材料としていることを「発見」したからである。

二人の主著『アイデンティティ経済学』には「社会規範」という言葉が何度も出てくる

が、ここが難しいポイントだ。タバコの例で見たように、女性が男性と同じようにタバコを吸えるようになるには、1970年代のフェミニズム運動などの到来を待つ必要があった。

現代のように、タバコを吸うことは「恥ずかしい」という風潮が広まったのは、時代の変化があったからだ。「健康を損なう恐れがあります」という注意書きがタバコのパッケージに記載されたのは1990年代のことだ。アイデンティティが消費行動に変化をもたらすような「社会規範」の変容は、そう簡単に起きることではない。

SNS時代の消費者と企業

ここで興味深いのは、『アイデンティティ経済学』で女性の喫煙率について説明する際に、アカロフ氏とクラントン氏が、有名なタバコブランドの「バージニアスリム」の広告キャンペーンを取り上げたことだ。このキャンペーンは「ベイビー、思えば遠くにきたものね」というもので、女性が男性と同等の権利を得て、社会の中心プレーヤーになったことを高らかにうたったものだった。同書ではこのキャンペーンに触れ、「ウーマンリブは、洗濯たらいやぶかぶかしたドレス、喫煙禁止から女性を解放した」と解説する。

社会規範を変えるためには、革命が起きたり、デモを行ったり、法律が変わったり、新しい政治的リーダーが生まれたり、ロックバンドの渾身の1曲が必要だったりする。何が社会を変えるのかは分からない。私がここで注目したいのは、「広告」というビジネス上の行為だ。社会変革の無視できない大きな役割を企業が担っている。

正確に言うと、企業の広告が社会規範を変えるというより、社会規範が変わりつつあることを巧妙にとらえた企業がその変化に「合わせて」広告を作るのだろうが、少なくとも社会規範の転換を後押ししてはいる。

しかも、消費者が声を上げ、企業もそこに反応できるようになったSNS時代において、消費者と企業の関係は、いっそう強固になっていると言うこともできる。

一方、消費者の「心の中」に企業が入り込んだとき、そこには消費者のアイデンティティを「ハック」して、購買行動を変えようという思惑も、明確に意識していないにせよ、存在するはずだ。なぜなら、値段や商品の性能では動かない消費者が、アイデンティティによってモノやサービスを買うのだとしたら、それを利用しない手はないからだ。「女性の自立」を描く広告で、これまでタバコを買わなかった女性のアイデンティティを刺激し、結果的にタバコを買わせることができるなら、今までにない顧客を企業は獲得することになる。男性だけが買っていた商品を女性まで買うようになったら、売り上げは単純計算で倍になる。

私は何も企業の「狡猾さ」をここで暴きたいのではない。本書で考えたいのは、企業と消費者がアイデンティティで結び付くことがこれまで以上に増える可能性についてだ。消費者がアイデンティティを重視すれば、企業もそれに応えようとする。それによって社会規範が変わっていく、もしくは変わると信じる人が増える。今後のビジネスはそうなっていく。

Z世代と「SDGs消費者」

さて、本章も終盤になってきたが、「モノ言う消費者」のことを考えるうえで外せないキーワードがある。Z世代だ。1990年代中盤以降に生まれた、2021年現在で10〜20代の若者を指す。この世代は社会課題の解決に積極的だと言われ、労働組合の中央組織である連合の調査によると、10代の7割が社会運動に「参加したい」と答えている。

私自身は、世代ごとに特徴をラベリングするのはあまり好きではないものの、世界的にこの世代は、気候危機やジェンダー平等などの問題に敏感だとされている。はたして、これまでの世代と比べてZ世代は特別なのか。

もちろん、Z世代ならではの「特徴」はさまざまあるが、本当に「特殊な世代」なのかは、ハッキリとは分からないというのが私の答えだ。ベトナム反戦運動や1968年5月のパリで始まった若者たちの社会運動（五月革命）を持ち出すまでもなく、いつの時代も若者は世界の理不尽さに敏感で、よりよい社会を作ろうとしてきた。とはいえ、２０２１年を生きる若者だからこその特性は確実にある。異常気象が毎年のように起こり、地球温暖化に関する科学的な論争もある程度の決着がつき、「温暖化はうそだ」という言説も随分と減ってきた。環境問題の解決も促すＳＤＧｓの目標達成年が２０３０年というのも大きい。多くの10〜20代の若者にとって、10年後は、自分たちが、社会に出て中心的な存在となる時期である。その後の２０４０年も２０５０年も、シニア世代と比べたら「現実感」がある。

　環境問題だけではない。ＳＤＧｓでは目標5に挙げられている「ジェンダー平等」に関して、日本の遅れは特に目立つ。これまで政治やビジネスの場で覆い隠されてきた男尊女卑的な風潮が、次々と明らかにされてきた。小学校や中学校などで、これまで男児を呼ぶときに使われていた「くん」を使わず、男女やその他のセクシャリティにかかわらず「さん」付けで呼び合い、女性が働くことを当たり前のように見てきた世代にとって、男性優位の旧世代の価値観はおよそ共感できるものではない。

　こうした環境問題やジェンダー平等への意識の高まりに加えて、従来の若者との違いを挙げるとすれば、本章で見てきたような「ＳＤＧｓ消費者」が多いということだ。

ＳＤＧｓ消費者は、ただ買うだけでなく、「声も上げる消費者」だということを、本章では見てきた。たとえば、環境に配慮した商品を買ったあとに、なぜそれを自分が買おうと思ったのかをツイッターに投稿する人がこれからは増えていくだろう。

Ｚ世代たちは今後、ＳＮＳなどを通じて単につながるだけでなく、自らの「個人的なこと」と、他人や他の世代の「個人的なこと」とは違うということに否応なく気付いていくだろう。あるいは、自分と似ているような誰かであっても、実は「個人的なこと」をめぐってズレがあることを発見するだろう。

それによって時には、自分の「個人的なこと」が修正を迫られることがある。他者と対話を重ねながら築いていくのが、私たちのアイデンティティだ。

だが、これまでは良い事例ばかりを見てきた。企業と消費者が互いに影響を及ぼし合って、アイデンティティを強化するということは、場合によっては、「私たち」同士のシビアな衝突を生む。企業と消費者がアイデンティティによって強固に結ばれた現代、そこから排除される人たちとの衝突。アイデンティティに傾いたビジネスがもたらす負の側面。これらのことを次の第四章で見ていきたい。

第四章

衝突するアイデンティティ経済

男性記者の育休体験記事

ニュース・メディアに携わっていると、批判されることばかりだ。自分たちとは異なる「価値観」とも出会う。その度に私は編集部員と話し合い、意見を受け止め、色々なことを考えてきた。

編集長をつとめていたハフポストで、2020年4月下旬から6月上旬まで、40代の男性記者の安藤健二さんが育児休業を取った。ハフポストは社員が30人前後の中小企業。しかも、その時期は、新型コロナウイルスの感染拡大による緊急事態宣言中で、職場はちょっとした混乱に陥っていた。安藤さんは1カ月超の育休を無事に終了。ミルクをあげたり、入浴させたり、両親との協力体制を築いたりした。そして、自身の経験を記事に書いた。

男性の育児休業の取得率は、日本では12・65%で、やっと1割を超えた（対して女性は81・6%だ）。「少しでも自分の経験が参考になれば」と安藤さんは思って記事を公開したという。新型コロナのようなとき、職場はただでさえ大変だ。「そんなときでも、育休は法律で認められた権利だ」ということも読者に伝えたかった。

ただ、こうした価値観は、必ずしも支持が得られるとは限らない。TBS系の人気ドラマ『逃げるは恥だが役に立つ（逃げ恥）』では、主人公の男性が一度取った育休を、新型コロナ感染による職場の混乱を理由に返上したように描かれた。「育休は大事だが、何も緊急事態宣言中に取らなくても」と思う管理職は少なくないはずだ。安藤さんに対して、読者からはこんな意見も寄せられた。

「あなたは、職場では必要とされていないから、忙しいときに育休を取れたのではないか。私は自分の夫に育児をしてもらうより、一生懸命働いていてほしい」

育児休業について、ネットでは次のようなコメントもよく目にする。

「育休を取れるのは、大きい恵まれた企業だけだ。日々の売り上げに追われている会社にとっては『絵に描いた餅』にすぎない。政府はきれいごとを言うな」

価値観が多様だからとか、理想と現実のギャップの表れだとか、そんなふうに単純には片付けられない「何か」がここにはある、と私は思う。

「つかう側」である消費者の責任とは？

SDGsの17個の目標の中には、「つくる責任　つかう責任」というものがある。「目標12」にあたる。これからは、商品を生産する企業など「つくる側」が環境や人権のことを正面から考えると同時に、「つかう側」である消費者も、商品をきちんと選ぶ目を養ったり、無駄なく使うようにしないといけない。食べ物や衣類の例が分かりやすい。

消費者庁によると、まだ食べられるのに廃棄される「食品ロス」の量は、日本の場合、年間600万トンになると推定される。飢餓で苦しむ人々に向けた世界の食糧援助量は420万トンだが、その1・4倍の数字だ。もし、捨てられた食べ物を援助に回せていたら、どれだけの人を助けることができただろう。だからこそ、SDGsの目標12にもとづいて、私たち一人ひとりが「つかう責任」をかみしめ、食べ物を粗末にしてはいけない。衣類もそうだ。朝日新聞記者の仲村和代氏や藤田さつき氏の推計では、年間10億点の服が廃棄されているという。それだけでなく、服をつくる過程で大量の水を使うため、大きな環境負荷がかかることが度々指摘されている。

だから「一人ひとりの行動が大事だ」とよく言われる。しかし、具体的にはどう行動したらいいのだろうか。そして行動することで、先ほどの男性記者の育休記事への反応に見られたように、その行為自体が、他の人の意見や価値観と異なることが顕在化したり、戸惑いが生まれたり、時には衝突が起きたりすることはないのだろうか。

その一例として、ある出来事を紹介しよう。私はこのことを最初聞いたとき、なんてひどい話だと思った。議論のきっかけとなったのは、トラウデン直美さん。ファッション雑誌で活躍するモデルでタレントの方だ。

「環境に配慮していますか？」

2020年12月、トラウデン直美さんは、菅義偉《すがよしひで》首相も参加する政府の有識者会議で「(買い物をするとき) お店の人に『この商品は環境に配慮していますか』と一言聞くだけで、お店の人は『お客様は環境に配慮したものを求めているんだ』という意識になる」という発言をした。トラウデン直美さんは現在20代で、SDGsに関する番組に出演したこともある。政府の有識者会議に、若い世代が消費者代表として参加するのはとてもいいことだ。国際的に見て脱炭素への取り組みが遅れていた日本にとって、政府に対して前向きな提言をするというのは、素晴らしいことだと思った。

ところが、この会合の様子がテレビのニュースで報じられると、トラウデン直美さんへの批判がネットで広がった。

洋服を売るアパレル店やスーパーなどの小売業界は、とても忙しい。バタバタするなか、お客さんに「環境に配慮していますか？」と言われても、答えに困るに違いない。仕事の負担増にもなるだろう。「環境に配慮していますか？」という発言が、理不尽な要求をしつこく言ってくる「モンスタークレーマー」のようだ、と批判する人もいた。

「そんなことを聞いてくるな」
「現場の店員へのいじめだ」

「店のスタッフではなく、本社に聞け」

トラウデン直美さんに対して、こうした声が上がった。私は、ハフポストのライブ番組「ハフライブ」を通して、トラウデン直美さんにも直接話を聞いた。彼女には、忙しい店員に対して、無理やり、クレーマー的に「環境に配慮していますか？」と尋ねるような意図は全くなかった。店員さんがレジの対応などで忙しくしていない時を見極めたうえで、服のサイズや他の色の有無を聞くことと同様に、消費者が環境問題について尋ねるようになってほしいと思って発言したのだ。トラウデン直美さんの今回の発言は、ファッション業界の世界的な課題を見事に言い当てているものだ。

「民主的なファッション」とSDGs

2010年代に入って、ファッション業界は、これまで以上に環境問題や人権問題と向き合うようになっている。きっかけは2013年にバングラデシュで起きた「ラナプラザ崩壊事故」。8階建てのビル「ラナプラザ」が崩壊し、死者1000人以上の被害が出た。このビルには複数のファッションブランドの関連工場が入っており、ここで働いていた人の多くが亡くなった。事故の前からこのビルの建築には疑問が投げかけられていた。ヒビ割れがあったという指摘もある。労働者たちに厳しいノルマが課せられていたことも明らかになっている。

この事故は、ファッション業界に重い課題を突きつけた。特に2000年代に入って、手頃な価格で流行の服が買える「ファストファッション」が一気に広がった。高級ブランドと同じようなテイストのシャツやコートが1000円から数千円の値段で買うことができるため、「ファッションの民主化」だとする人もいた。

ところが、そうした安くておしゃれな服づくりを支えていたのは、発展途上国の工場で働く人たちだった。こうした労働者の犠牲のうえに、「民主的なファッション」は成り立っていた。SDGsの目標8で「働きがいも　経済成長も」とうたわれている。経済成長だけではだめで、働きがい「も」追い求めないといけない時代に突入しているのだ。

あるユニクロの店長に以前、話を聞いたことがある。およそ10年前のことだ。

「昔は高級品だった流行の服をユニクロは安く提供している。一流デザイナーも関わっているのに、1万円あればお釣りが来るし、シーズンごとに買い替えられる」

そう誇らしげに言っていた。実際、消費者の側も、どこまで言語化できていたかは別にして、こうしたユニクロのスタンスを感じ取って一定の支持を表明していたように思う。

しかし、今はその「気軽に、安く買い替えられること」が、環境破壊につながる「ごみ問題」を生んでいると考える消費者もいる。民主的から環境的へ。私たちのアイデンティティも移り変わる。

もちろん、ファッション業界も手をこまねいているわけではない。ユニクロなどを傘下に持つファーストリテイリングは、ペットボトルを原材料として服の開発をし、さらに回収したダウン商品からダウン素材の一部を使って再び商品に生かす取り組みなどをしている。

「働きがいも　経済成長も」

「ファッション業界がＳＤＧｓを重視するのは大切なことだと思います」。トラウデン直美さんへの批判がなぜ広がるのかを知るため、さまざまな人に取材をしていたときに、ある20代のアルバイト男性が私に言った。「ただ、それで服の値段が高くなったら嫌だな、というのが正直なところです」

この男性の母親はシングルペアレント。二人で生活費を切り詰めながら生きてきた。そんな母親にとっての楽しみは、ユニクロやジーユーなどの店に行って服を選ぶこと。新進気鋭のアーティストがデザインしたＴシャツや、ベーシックだけど色合いがキレイなニットなどの新しい商品が、シーズンごとに生まれる。ありとあらゆる色とサイズの商品が、ユニクロの店内では、まるで都心のオシャレな書店の本棚のように丁寧に並べられ、自分にぴったりの服が見つかるような感覚を覚える。白を基調とした店内、ポップであると同時にどこかレトロな「ユニクロ」のロゴマーク。1000～3000円ぐらいの買い物で、母親の「気持ちが上がる」のだという。「社会としてSDGsに取り組むことが、自分たちのような生活をしている人たちの負担増にならないようにしてほしい」とこの男性は言った。重い言葉だ。

トラウデン直美さんのニュースは「誰に感情移入するか」によって、受け止め方が異なる。

私の実感としては、批判をしていた多くの人が、トラウデン直美さんにではなく、「店員さん」側に気持ちを向けていた。「環境に配慮していますか?」と聞かれる側の店員さんに自分自身を重ね合わせていたのだ。

日本には「お客様は神様です」という言い方がある。それは三波春夫氏が口にし、広まったものだが、その過程で真意から離れて、買い物客は店員より立場が「絶対的に上だ」というとらえ方をする人が出てきた。店員は、言うことを何でも聞く「家来」なのだろう。モンスタークレーマーという言葉が広がったことからも分かるように、理不尽な客の要望に応えている人は多い。本社からノルマなどが課され、いびられることもある。かつて「ものづくり」の国と言われていた日本も、今では労働人口の7割が、小売・飲食・情報通信・サービスなどの第三次産業で働く。金融・IT業界でも、顧客に過剰なサービスを提供するためのコールセンターが各地にあるのも日本の特徴だ。こうした職場では非正規雇用の人が少なくなく、正社員と比べて不安定な立場だ。

「サイズが違う」「態度が悪い」などと毎日のようにお客さんに言われ、本社からは「もっと売り上げをあげろ」と圧力がかかる。悩むひまもなく、ひっきりなしにお客さんはやってくる。スマートフォンを片手に買い物をするお客さんに「ネットで見た別の店のほうが安い」と言われ、ちょっとでも反論すれば「態度が気に入らない」とSNSに書かれる。「環境問題に配慮していますか？」というトラウデン直美さんの質問も、忙しい毎日の中では、「めんどうなお客さんの要望」の一つにしか思えなくなるのだ。ファッション業界が、途上国での強制労働の問題で批判されたように、日本のサービス業の現場の労働条件も、SDGsの目標8である「働きがいも　経済成長も」の視点から厳しく見直されなくてはいけない。

「本社に聞け」

ところで、トラウデン直美さんへの反応の中には、商品に意見を言いたいのだったら、「店員ではなく、本社に聞け」というものがあった。

「本社に聞け」。私も20年前にこの言葉を言われて、反論をぐっと飲み込んだ記憶がある。私は大学を卒業後、2002年に朝日新聞に入社した。最初の赴任先は九州の宮崎県。地方支局の若手記者は2秒以内に電話を取ることになっていた。突発的な事故や火事にそなえて、支局に宿泊する「泊まり勤務」もあった。電話で多いのは「クレーム」だ。新聞が届いていないという意見はまだいいが、朝日新聞の社説に対する批判は長電話が多い。おそらく新聞が届くと真っ先に社説を読み、電話をかけてきていたのだろう。

「朝日新聞は左翼なのか」

「もっとこういう問題を取り上げたらどうか」

「東京中心の社説が多く、宮崎県のような地方の視点が足りない」

「お前らみたいな新聞社が世の中を悪くしているのだ」

中には「プロ野球の巨人の選手がいかに傲慢か」という電話もあった。巨人が宮崎にキャンプにやってきて、選手たちの動向が身近な話題になっていたからだろう。夜勤明けの身にこうした電話はこたえる。早くシャワーを浴びて着替えたいのに、なかなか電話を切らせてもらえない。罵倒されることもあったし、生返事をすると「ちゃんと聞いているのか!」と怒鳴られる。

クレームといっても、購読者なので、お客様だ。新聞の購読料から私の給与も出ている。

じっと聞くことにしたが、何よりつらかったのは、電話の多くの質問に答えようがなかったことだ。自分が書いた記事や、宮崎県発のニュースに対する感想なら、新人記者の私でも対応できる。だが、東京本社の論説委員が書いた社説や東京の記者が書いたコラムの感想を言われても答えようがない。

上司に相談すると、「お前はナイーブだな。自分が新人記者だった頃は、『ガチャン』と電話を切っていた。それぐらいできなくて記者がつとまるか」と言われた。しかし研修を担当した本社の中堅社員に聞いてみると、「もはや記者が偉そうに振る舞える時代ではない。上司の話は昔話として、話半分に聞いておいて、社会人らしく丁寧に対応しなさい」と言われた。

上司は古い経験を語り、本社は理想論を語る。当時の私がそうだったが、末端で働く人間には、商品に関する知識がすべてあるわけではない。あるいは現場の上司と本社の考えがバラバラなので、顧客対応ひとつとっても、お客さんと向き合う社員が板挟みになるだけだ。そんななか、消費者に「環境問題に対応していますか？」と聞かれれば、コップの中にギリギリまで入った水が一気にあふれ出るような気持ちになってしまうだろう。

繰り返しになるが、トラウデン直美さんは決して「店員いじめ」をしようとしていたわけではない。そうしたことも普段から配慮したうえで、何とか社会をよくしようと発言した。本来、私たちは彼女の勇気を賞賛こそすれ、一部のネットで見られたような激しい誹謗中傷は許されない。これはいくら強調しても、し足りないほど大事なことだ。

二つの問題

そのうえで、ここにある二つの問題について考えたい。一つ目は、消費者というアイデンティティと、「店員」さんというアイデンティティが並存していることだ。

店員さんには店員さんならではの苦しみや思いがある。厳しいノルマに追われ、長蛇の列ができたらレジに入って対応をし、ひっきりなしに来るお客さんの相手をして、クレーマーの言葉にじっと耐えている。

経済格差が生まれ、生活に余裕がなくなってきている日本社会では、「環境に配慮した買い物」は想像しにくい。自分のことを、それができる消費者だとは思えない人も多い。それよりも、つらい思いをしている店員さんの「アイデンティティ」のほうにリアリティがあるはずだ。

二つ目の問題は、「環境問題に配慮した消費」が特権階級のものではないかという点だ。

それは、本社の人たちが企業ブランドのために唱える「お題目」のようにも見えてしまう。そんなお題目に、お金持ちの消費者たちが共感し、「意識が高い」買い物をする。ますます格差は広がっていく。非常に問題なのは、環境や人権問題のことを考えた「正しい消費」と、そうしたことを考えない「間違った消費」という、あってはならない分断が、今後は生まれる可能性があるということだ。お金を持っているうえに「正しい」消費者が生まれてしまう社会は非常に危険だ。

まさにアイデンティティ経済の危うさがここにある。消費者の「個人的なこと」をベースにしたアイデンティティ経済の時代において、消費者は、自らの価値観や倫理観にもとづいて声を上げる。そこにSDGsやESG投資の流れも加わり、金融関係者がそれに呼応する。時には投資家が企業にプレッシャーをかけていく。それによって企業が人権のことを考えたり、環境問題と向き合ったりして、ビジネスチャンスが生まれるだけでなく、社会がよくなっていく部分もあるだろう。株主利益ばかりを追求する資本主義をなんとか良いシステムにしていこうとするこうした流れを、私は基本的に評価したい。

ただ、このようなトレンドが、「店員さんのアイデンティティ」を踏みにじるようなことがあるとしたら、どうだろうか。

SDGsが分断と衝突をもたらす!?

アイデンティティとはそもそも、自分が所属する集団が持つ価値観に規定される。生まれたときの環境や属性によって築かれるアイデンティティもあれば、成長するに従って身についていく価値観もある。さらに仕事を通して自分のアイデンティティを形づくる人もいるだろう。その場合、同じ価値観を持つ仲間に囲まれることが「やる気」となって、仕事を頑張れるようになる場合も多い。買い物もそうだ。地球環境のことを考えた商品を買うことで、自分が「進歩的な消費者」の仲間に入れたような気になれる。「○○会社」の幹部であるというアイデンティティによって、ビジネス上の倫理観を育む人もいる。ところが、自らの集団が、ほかの集団よりも「優位」にあると感じてしまうことも起きる。そうすると集団間のバランスが崩れ、衝突が生まれる。

経済がアイデンティティによって回るようになれば、金銭的な「持てる者」と「持たざる者」だけでなく、「正しい者」と「正しくない者」という分断をも生み出す。通常は、政治の場で行われるような「正しさ」をめぐる衝突。「個人的なことは、経済的なこと」という時代においては、それが経済の場にも持ち込まれることを意味する。倫理的な価値観をめぐる「政治的な闘争」がビジネスの領域に広がっていく。

まさにこれはトランプ大統領が誕生したアメリカで起きたことだ。2016年の大統領選で、民主党のヒラリー・クリントン氏がトランプ支持者のことを「デプロラブル（嘆かわしい人々）」と呼んで大きな批判を呼んだことを思い出してほしい。民主党は社会的弱者に口では理解を示し、多様性や労働者の権利重視をうたっているのに、実際はそうした人の尊厳を上から目線で踏みつけるようなことを行っていた。「意識」が高く、「正しい」消費をしている人たちの行動は、一つ間違えばこれと似た構図に陥る恐れがあるのだ。

ＳＤＧｓなどを重視する企業が、実際には環境保護に関する取り組みをまったくやっていなかったり、裏で環境破壊をしていたりすることを「グリーンウォッシュ」と呼ぶ。また、環境保護を訴えるメッセージ入りのＴシャツを買うとか、ペットボトルをやめてウォーターボトルを買うといった、数百円から数千円単位の消費行動によって「環境問題を解決した気になる」ことの欺瞞も指摘され始めている。

それに加え、本章で見てきたように、ＳＤＧｓに取り組むことが、恵まれていることの証明であるだけでなく、「正しさ」という特権をも得られるのだとしたら、一般的な「ＳＤＧｓウォッシュ」とは違った意味で、ＳＤＧｓには問題が潜んでいると私は思う。

好きな服を買うことができて、なおかつ店員さんに、環境問題について話ができるような立場の人たちが発信する正義。普段はそういった買い物ができずファストファッションで安い服を手にとる人たちは、その「正義」に照らして間違っているとされるような社会は正しいのだろうか。

もちろんそんなことはない。私たちはアイデンティティが衝突したとき、たとえある批判が一見「間違っている」ように見えても、その背後にある別の社会課題を見つめなくてはいけない。

環境問題ではなく労働問題

雇用や貧困問題に取り組むNPO法人「POSSE」事務局長の渡辺寛人《ひろと》さんは、トラウデン直美さんがどういう買い物のシーンを想定していたかは分からないと断ったうえで、「環境問題に配慮した商品を使っていますか」とお客さんに聞かれることが、サービス業などの店員にとって負担となるのが今の社会だ、と指摘する。

「環境に配慮していますか？」と尋ねるお客さんは、本来はまったく悪くはない。むしろ正しいことを、勇気を持って発信している。問題なのは、そうした質問に対してうまく答えられない「余裕のない職場」をつくりだしているこの社会だ。これは環境問題ではなく、労働問題なのだ。

渡辺さんによると、企業の中で弱い立場にある店員の発言が本社側に聞き入れられることは、ほぼない。また、長時間労働を強いられているため、社会問題について考える余裕もない。「今の若者の中には、大学1年生のときから、就職活動の準備をしている人もいる。学生時代でさえ、環境や労働問題について考える時間がないのに、会社に入ったらなおさらだ」と渡辺さんは話す。「本社に聞け」という声は、働いている人の心の叫びだ。

ブラック企業では成長できない

ＰＯＳＳＥ代表の今野《こんの》晴貴《はるき》さんが『ブラック企業──日本を食いつぶす妖怪』（文春新書）で２０１３年に大佛次郎論壇賞を受賞してから、ブラック企業という言葉は、ますます一般的になっている。

日本は昔から国民が黙々と働くことで経済が発展した国だ。そこには忍耐や努力があり、企業の個別事例を見ていけば美談もあっただろう。人によっては、「充実感もあった」と言うかもしれない。

ただ、世界の工場だったかつての第二次産業型の社会から、金融やＩＴ、サービス業などの第三次産業型の社会に移行した今、「黙って働く」社員を育てても競争力はつかない。本書で見てきたように、金融業界にいる人なら、環境や人権問題に詳しくないといけないし、経済の動きだけでなく、人の感情やアイデンティティなどの「個人的なこと」も読み解かないと、ビジネスの動きについていけない。ちなみに私は、ビジネス的に「効果」があろうがなかろうが、人権を大事にすべきだと本来は強調したいが、ここではビジネスの文脈で話を進めていく。

ツイッター社やフェイスブック社などが２０１０年以降の世界経済を席巻したのは、技術的に優れていただけでなく、その発想力が図抜けていたからでもあった。「人と人がネットでつながって、自由な社会をつくりたい」「写真や文章を気軽に共有できることで、個人が力をもつ世界を実現したい」という価値観がカギとなって急成長した。

日本の「お家芸」とされていた電化製品。単に性能が良い製品をつくるだけではもうダメな時代だ。たとえば、炊飯器をインターネットとつないで、離れて暮らす高齢の親がお米を炊くタイミングなどを子どものスマートフォンに知らせる機能を持つ商品がある。炊飯器が、「お米を炊く」ためのものから、家族の絆を深めるものへと変わっている。ここには確かな価値観が見て取れる。

だからこそ、技術的なイノベーションだけでなく、発想力が必要とされているのだ。黙々と同じ炊飯器をつくり続けるだけの社員しかいない会社では、新たな価値は生まれない。自発的にモノを考え、自分のアイデアを主張し、上下関係なくさまざまな人を巻き込んでいく能力が求められる。つまり、日本で問題になっているブラック企業は、倫理的な側面だけでなく、経済的競争力という面でも問題があるのだ。「環境に配慮していますか？」と聞いてきたお客さんに答えられないのだとしたら、私たちは、そのお客さんではなく、職場のあり方に批判の目を向けないといけない。

波紋を呼んだナイキの動画広告

次に、これまで何度か登場しているナイキ社について、再び取り上げてみたい。

2020年冬にナイキは、ある強烈なメッセージを放つ動画を公開した。日本国内でマイノリティとして生きる在日コリアンの若者や、アフリカ系とみられるルーツを持つアスリートが登場する2分間の動画で、インターネットですぐ広まった。

登場する若者は、それぞれスポーツをやっている。学校の部活だろうか。プレーや練習を続けているうちに、自分のアイデンティティに悩む。日本社会の差別やいじめに直面し、「自分は普通じゃないのかな」「自分は浮いている」と感じるようになる。「もっと馴染んだほうがいいのかな」と、他の若者と自分との違いに目がいく。そうしたなか、若きアスリートたちは、差別を当たり前とせず、誰もがありのままに生きられる社会を実現するために走り出す。公開から1週間のうちに、ユーチューブ上で1千万回再生された。

私もこの動画を10回ほど繰り返して見た。私自身も子どものころ、アメリカに住んでいて、「なぜ自分だけが顔のかたちが違うのか」と鏡を見るたびに悩んだことがあった。正直に告白すると、動画を見て心が震えた。アメリカ人にひどい言葉を言われたことを思い出した。勇気を振り絞って自分が「ストップ！　もうこれ以上言うな」と声を上げた小学生時代のことを思い出した。私もそうだったが、子どもにとっては、学校がすべての世界だ。周りから「浮いていること」が、どれほどつらいことか。長らく閉じ込めていた、自分の感情が一気に爆発した。

ナイキは、アメリカでも同じような広告展開を2018年に行っている。アメリカンフットボールの試合前に、人種差別への抗議のために国歌斉唱時に起立を拒否して事実上追放されたコリン・キャパニック選手を起用。「自分らしくある」というスポーツの理念を表現すると同時に、差別にNOを唱えた。トランプ大統領をはじめとしたアメリカの保守層から批判されたものの、ナイキ社のオンライン売上高は増えたという。

ナイキはこうした企業スタイルを日本にも持ち込んだというわけだ。私の体感で言うと、この動画を高く評価する声も多かった。特にこうした先進的な動画に反応するのは「アーリーアダプター」と呼ばれる人たちで、流行のテクノロジーや生まれたばかりのビジネスモデルにいち早く興味を示す。この人たちはナイキの動画から、「スポーツは人種や性別、ジェンダーにかかわらずにフェアなものだ」というメッセージを受け取ったはずだ。ところが、同じようなスピードで、動画に対する激しい批判も広がったのだ。

ジャーナリストのデービッド・グッドハートが指摘したように、社会には Anywhere な人と Somewhere な人がいる。前者はパソコンが1台あれば国境を越えてどこでも働くことができる。一方、Somewhere な人は、生まれ育った場所など特定の地域で暮らす。地元で育ち、地元の学校を出て、地元で就職をする。グッドハートはイギリス社会などを描いていたが、日本に住む私たちも身につまされる。

Anywhere な人は、地域や国境を軽々と越えていく。国境を越えて生きる Anywhere な人と、地域にとどまる Somewhere な人との分断。グローバル化とナショナリズムの衝突。動画を批判したのは、実は後者に属する人だったのではないか。日本で生まれ、日本から抜け出すことができない人たち。その日本が「差別的な社会」と批判されたことで、自身のアイデンティティを傷つけられたと感じたのかもしれない。

「日本には差別はない」
「日本を貶める」
「日本に対するヘイトだ」
「ナイキはもう買わない」

動画には、そうしたコメントが相次いだ。動画自体は若い人が勇気を振り絞って前にすすむ内容だったが、このように「アイデンティティ」を強調すると、自分のアイデンティティが傷つけられたという批判が必ず来る。企業のブランド向上のための動画が、非常に「個人的なこと」のように思われてしまうのだ。

ナイキの動画はアイデンティティを傷つける？

私は、このナイキの動画を支持する立場だ。そんな私でも、外資系企業のナイキが日本でもかなりデリケートな話題に「土足で踏み込んできた」ように感じた人たちがいただろうことは容易に想像がつく。人によっては日本を糾弾しているようにも思えただろう。

特に海外ブランドのPR動画に出てくるような人たちは、キラキラと輝いていて自分だけの力で自由に生き抜いているように思える。まさにAnywhereな人だ。

ナイキの動画に対して、「スポーツをしている人たちこそが、文化系をいじめてきた」という意見もあった。動画に登場する若者は、サッカーボールを器用に操り、グラウンドを猛スピードで駆け抜ける。だから身体的に恵まれた「強者」に見えたのだろうか。

アメリカで展開されたナイキ社のアメリカンフットボールの広告にも、同じように批判はあった。人種差別に立ち向かうナイキの靴を燃やすという動画が、インターネットで出回った。黒人差別問題にコミットし過ぎると白人である自分たちの尊厳が傷つけられるのではないかとか、悪平等を招くのではないかという意識が生まれたのかもしれない。

つまりアイデンティティに立ち向かうということをベースにしたPRをするということは、「環境に配慮していますか？」という先の事例で見たように、そこで示されたアイデンティティに帰属できない人たちのアイデンティティを傷つけてしまうのだ。

こうしたPRでは、ある特定のアイデンティティを表明することが「正しい」というメッセージを発信してしまうために、それとは異なるアイデンティティを持つ消費者は、「あなたは間違っている」「あなたは遅れている」「あなたは差別的だ」と言われているような気分になる。人種などのアイデンティティは「選べるもの」ではない。日本に差別があるのは事実だ。それでも、そうしたことを受け入れられず、別のメッセージを感じてしまう人もいるのだ。

本来、ビジネスの世界ではそうした分断を生むことがあまりなく、それが「良いところ」とされてきた。たとえ国同士の関係が険悪なものになっても、経済交流によって断絶に至らずに済む。韓国や中国とのビジネス上の関係を維持してきた日中関係、日韓関係にもそうした面があった。ナイキの靴には、どんな思想の持ち主でも買うという、ある種の「商品が持つフラット性」があったのではなかったか。それでも、消費者のあいだで分断を生み出してしまった。

ビジネスと人権

アイデンティティ同士の衝突は、国際ビジネスの場でもよく起きている。だから、日本企業にとっても他人ごとではない。ここからは、「ビジネスと人権」というキーワードをもとに考えていきたい。

ビジネスと人権はここ1、2年でようやく日本に広まってきた概念だ。ビジネス活動を展開する際に、人権侵害リスクをきちんと把握して、その課題に企業がしっかり取り組まないと、国際的な批判を浴びるようになってきた。人権団体から企業が名指しで批判されたり、不買運動につながったり、場合によっては投資を受けられなくなるケースも出てきた。

本来、人権は「リスク」ではなく、誰にとっても「根本的な権利」だが、ここではビジネスの文脈に即して議論を展開するので、リスクという言葉を使う。

特に2000年代以降、東南アジアのパーム農園やアフリカの鉱山などでの劣悪な労働環境が広く知られるようになった。グローバル化のもとで企業が世界中から原材料を仕入れたり、工場を設置したりするようになるなか、「責任ある調達」「生産過程に対する倫理的な責任」を求める声が世界的に広がり、国際的な人権団体などが実態を明らかにしてきた。特にEU諸国では、自国内の企業にサプライチェーンの人権侵害のリスクについて調査を求めたり、児童労働に厳しく対処する法律を制定したりと、ルールが次々と作られている。人権デューデリジェンス（Due Deligence）という言葉もここ数年で広がっている。

デューデリジェンスとは、企業買収などに際して、買収先の財務状況や人材を調べ、企業価値を調べるという意味の金融用語だ。そこに「人権」という言葉が加わった。そこでは、企業の人権方針のみならず、生産過程や原料の調達において強制労働が行われていないかを投資家も調べるようになった。経済協力開発機構（ＯＥＣＤ）や国連も、対応を加速させている。企業の透明性、安全、人権への配慮などを調査する「ソーシャル・オーディター」という職業も出てきた。

これまでは会計士あるいはアナリストが、企業の財務状況、将来性、収益性などを評価していた。今後は、人権や環境問題への取り組みについてもチェックするようになり、それが企業の評判に関わったり、株主の評価に影響したりする。そのため、企業も本気で取り組むようになってきている。

２０２１年にはアメリカでバイデン政権が誕生した。中国に対し、引き続き厳しい態度を取ったことで、中国の新疆ウイグル自治区における人権問題がいっそうクローズアップされた。新疆ウイグル自治区は、良質な綿の産地として知られるが、ここで強制労働が行われていると報じられた。それに対して中国は強制労働を否定している。

日本企業もこの問題とは無関係ではない。オーストラリアのシンクタンク「豪戦略政策研究所（ＡＳＰＩ）」が２０２０年に発表した報告書では、グローバル企業82社が、ウイグル族を強制労働させている中国の工場と取引をしているとされた。その中にユニクロなど日本のブランド（企業）14社の名前もあったことは衝撃的だった。

企業が人権と向き合うとき

こうした流れのなかで、中国の経済成長のことも押さえておかなくてはならない。

コロナ禍からの「回復」をいち早くアピールし、ハイテク分野でも存在感を見せつけているのが中国だ。さらには、アジアやヨーロッパなどを巻き込んだ「一帯一路構想」を掲げ、アフリカでも積極的な経済支援を行っている。中国は、西欧型の資本主義に対抗するような「経済圏」をつくろうとしているようだ。

アメリカと中国は経済の領域でも対立するようになり、軍事力を使わない戦争が起きているために「経済安保」とも呼ばれている。ＡＩやＩＴの分野においても、中国は強い。ＧＡＦＡに匹敵する企業も出てきた。

本書が重視する「アイデンティティ」を軸に見ていくと、中国の経済成長を目の当たりにした欧米の企業は、「自分たちのビジネスとは何か」という問いに直面している。

ユニクロのライバルである大手アパレル企業Ｈ＆Ｍは、新疆ウイグル自治区の人権状況について問題提起をして、現地の綿花は使わないと宣言した。そのため、中国で不買運動が起こった。中国のネットにはＨ＆Ｍを激しくののしるコメントがあふれている。Ｈ＆Ｍにとって、人口14億人を抱える中国のマーケットは大事な拠点だ。いまやいかなる業態のビジネスであっても、中国のマーケットは無視できない。それでも、決断した。Ｈ＆Ｍにはさまざまな判断があったのだろうが、これからの企業は、いくら大事な取引先であっても、そこで「人権侵害」の疑いが生じたときにどう対するかは、「儲かる」「儲からない」という単純な基準ではもはや判断できないような世界に突入しているということだ。

中国はウイグルでの強制労働を否定している。中国の憲法にも「人権を尊重し、保障する」（第33条）という条文そのものはある。企業は商売人だ。中国当局や世論への配慮も必要なため、こうした複雑な問題において立場を明確にしないのは、これまでは当たり前だった。だが、世界の企業がＳＤＧｓ型のビジネスへと転換していく現代にあって、経営陣は何らかの「考え」をまとめておかないといけない。沈黙でさえ、一つのスタンスになってしまうからだ。

Ｈ＆Ｍの本拠地はスウェーデンだ。ＥＵ諸国は、人間の尊厳を踏みにじるような行為に対して極めて厳しい態度をとる。政治的な立場の違いをはるかに超えた重要な問題だからだ。おのずと消費者の視線も厳しいものとなる。

中国の台頭によって、欧米企業は自分たちの存在意義を問い直している。その根底には、自分たちのビジネスこそが倫理的にも正しいという「アイデンティティ」の問題がある。

ここで注意深い読者は、人権を「アイデンティティ」の問題とすることに違和感を覚えるだろう。日本には「人権派」という言葉があるが、人権というものは「派」や「立場」によって違いが生じるようなものではなく、人間である限り誰もが等しく持っているものだ。その意味で「人権」は、ある集団に属することで形成される本書で使っている「アイデンティティ」とは次元の異なる概念だ。

ただ、あえて本書では、西欧の企業や西側諸国のビジネス界が持っているアイデンティティの一種ととらえたい。かつて、中国が経済発展を遂げていき、豊かさが実現していけば、中国社会の民主化も進んでいくと考えられた時期があった。経済的な発展のためには、個人が自由な発想力を生かし、自由にビジネスを進めることが不可欠だ。個人が自立しているからこそ、経済も活性化する。もちろんこれは、ある面では正しい分析だし、いまの世界でも通用する考えでもあるが、中国を見ていると必ずしもそうではないようにも思えてくる。

豊かになった中国の中間層は、現在の政治体制が変わらないことをどこかで望んでいるフシがある。また、今後の産業を左右するとされるＡＩ（人工知能）にはビッグデータが必要だが、大量のデータを集めるには、ＩＴサービスやスマートフォンの利用履歴などから得られる個人情報が欠かせない。中国は個人のプライバシーよりも、こうしたビッグデータを迅速に集めることをより重視しているとされる。ビッグデータが膨らめば膨らむほど、AI産業は発展し、より経済的に豊かになっていくからだ。

自分たちこそが民主主義と資本主義を同時に達成し、一人ひとりが自由を謳歌できているからには、中国など他の社会よりも「優れている」という西欧諸国のアイデンティティは崩れつつある。だからこそ、ウイグル自治区の「強制労働」に対して西欧の企業や政府は、より強硬な姿勢をとる。それはある意味、「アイデンティティ」を賭けた戦いのように私には思える。

中国とのビジネス、どう対峙する？

では日本企業はどう動くべきなのだろうか。2021年4月の決算会見の場で、ウイグル問題について質問を受けたファーストリテイリング会長兼社長の柳井正氏は、ウイグル問題というのは政治問題だという趣旨の発言をした。これは柳井氏のぎりぎりの判断だったのだろう。

中国に対して厳しい態度をとるH&Mとの違いは、なぜ起きたのか。二つある。一つは、H&Mには社会からの支持があるということだ。自国の消費者、さらには欧米の消費者は、人権というものを、個別の政治問題や企業スタンスの違いを超えた、普遍的で根本的な価値だととらえている。

グローバル企業であるユニクロを率いる柳井氏も、こうした欧米的な消費者の感覚を熟知しているだろう。ただ、難しいのは、ユニクロが本拠地を置く日本や、ビジネスが急成長している中国において人権問題は、欧米とは異なるニュアンスでとらえられているということだ。中国の立場にあえて身を置けば、「人権問題」を政治的な言葉として受け止めることもできよう。欧米社会が自分たちの都合を押しつけるために使う便利なキーワードに過ぎず、黒人差別がなくならない米国などこそが人権問題を抱えていると考えることも可能だ。

私が見るところ、中国という国は「みんなの生活を豊かにして、14億人を食べさせるために政治的自由をある程度、制限するのは必要不可欠だ」という発想を持っているようにも思う。ここには中国ならではの正義がある。

他方で日本の場合、「人権問題」が、消費者にどこまで響くか不透明だ。たとえば、人権教育をすすめる法務省では、「人KENまもる君」と「人KENあゆみちゃん」というアニメ風のキャラクターをPR用に使っている。作者はアンパンマンで有名な漫画家のやなせたかし氏だ。テーマソングもあり、「み・ん・なで　まもる　手をとりあって　世界

をもっともっと　しあわせにしよう」と歌われる。「人権」を分かりやすく教えようとしているのかもしれないが、人権をめぐる歴史と課題の深刻さが、これでは分からない。日本社会は、人権についてこれまで深く考えてこなかった。あくまで「西欧のモノ」や「市民運動っぽいモノ」で、自分たちには関係がない、とさえ思ってきた。

日本企業にとってのウイグル問題を考えるうえで無視できないのは、中国というマーケットが巨大であることだ。ファーストリテイリングは、中国、台湾、香港を合わせたマーケットで売り上げをどんどん伸ばしており、同社の売り上げにとって非常に大事なエリアだ。中国の立場も尊重しつつ、欧米ほど人権にコミットできる社会的基盤がない日本を本拠地とするファーストリテイリング。大変難しい局面に追い込まれている。

2021年5月1日の朝日新聞で吉岡桂子編集委員は「対中国、二兎を追う知恵は」というコラムを書いた。トヨタ幹部の言葉を引きながら、日本はアメリカも中国も、両方のビジネスを大事にする「二兎」を追うべきだと説いた。企業の苦しい胸のうちを明かした鋭いコラムだ。日本企業だけでなく、アメリカのアップルやテスラも、なんとか中国企業とのビジネスを継続させようと腐心している様子が伝わってくる。

日本企業の「自画像」をどう描く?

ここまで見てきたように、SNSによって消費者の声が可視化されるなかで、それに呼応するかのように、SDGsに取り組む企業に対する投資家の期待が高まり、ESG投資の対象となっていく。さらに、「人権デューデリジェンス」の動きも活発になってきている。

ビジネスの領域において、欧米と中国の国同士の衝突が起き始めている。

アメリカはトランプ時代から、中国通信大手のファーウェイ（華為技術）への輸出規制を強化し、ソニーなどの日本企業にも影響を与えた。今後、アメリカは日本企業に対して「中国とのビジネス関係を見直せ」と圧力をかけてくる恐れがある。

現代ビジネスでは、価値をめぐる議論を避けて通れない。自社の利益だけでなく、社会にとって何が「善きこと」なのか。政治はどこまで介入するべきか。経営者はこうした哲学的な議論に自分の言葉で答えていく必要がある。たとえばフェイスブック社やツイッター社について言えば、悪質な投稿を野放しにしないための規制は必要だ。一方、それによって言論の自由が脅かされることもある。つまるところ、野放しにしすぎてもいけないし、かといって過度に規制してしまうのもよくない。極端に走らないよう、絶え間ない対話とバランスが大事だということだ。

ところが、こうした慎重な議論をすっとばして、国家が強力に規制したほうがすっきりするという考えもある。今は、インターネットに100%の希望を抱く時代ではない。かつてはデジタル化によって民主主義もアップデートされるという議論があったが、SNS上では誹謗中傷が飛び交い、何か発言をすれば、すぐ揚げ足をとられる。だったら、強いリーダーに決めてもらったほうが「みんながハッピーになる」というのは身も蓋もない真実のように思えなくもない。

以前、ある大手企業の幹部と話していたとき、「最近は世間がうるさいから、女性の管理職を増やしている」と述べた。SDGs市民、株主、消費者、行政を含む「世間」の声によって、企業が変化しているのは、いいことだ。だが、企業のジェンダーバランスも、障がい者雇用も、対中国政策も、「世の中の流れだから」という発想だけで対応するのでは不十分だ。そもそも、なぜ職場のダイバーシティは必要なのだろうか。中国型の市場経済の価値観について、自分たちの会社はどう向き合っていくのか。人権はなぜ普遍的に大切なのか。そのような問いに、あなたの会社のトップは答えられるだろうか。

前述したように、フェイスブック社やツイッター社などIT大手は、「言論の自由」をめぐる問いに直面している。日本にも似たようなIT企業があるが、この議論についていけていない。ベンチャー企業のトップは、西麻布で飲んでいる場合ではない。こうした価値観をめぐる国際的なディベートから取り残されてしまうと、日本企業はビジネスの「ルール作り」に参加できなくなってしまう。自分たちにとって不利な国際的な規制が生まれる可能性もある。逆に、ここに参加して議論をリードすることもできる。人工知能（AI）がビジネスで一般的になれば、どこまでAIを規制するべきなのかという、哲学的で倫理的な問いが生まれる。これに対して、どのように答えるか。それとも日本の会社はデジタル化でも負け、価値観をめぐる話し合いでも、置いてきぼりを食うのか。

話を対中ビジネスに戻そう。ユニクロのファーストリテイリングだけではない。楽天グループが、中国IT大手のテンセントの子会社から出資を受けていたことが分かったときは、情報流出に対する懸念の声が上がった。それに対して楽天トップの三木谷浩史氏は、出資は純投資であるため問題はなく、提携によってビジネスチャンスが広がることをブルームバーグの取材で強調している。

LINEも、利用者の個人情報が中国の関連会社から閲覧できる状態であることが分かった。全国的に問題になり、政策広報や住民への情報発信などのためにLINEを使っていた自治体は、LINEでのやり取りを一時停止した。

もちろん、個人情報の保護について問題があれば、その都度解決していく必要がある。しかし、ここで真に考えなくてはならないのは、中国企業とビジネスをする場合、常にこのリスクと向き合わなくてはならないということだ。

もちろん、中国と価値観が一致することもあるだろう。たとえば中国は、「脱炭素」については ある意味で「積極的」で、欧米諸国と協力関係を結べる可能性もある。日本は環境問題の対策でこの陣営に加わるのか。そうすると、人権問題はどうなるのだろうか。日本の企業やビジネス界は、「自画像」を自ら描き出すことが求められている。

企業のメディア化が招来するもの

もう一つ押さえないといけない流れは、企業のメディア化だ。

日本のメディアを見ていると若干分かりにくいが、アメリカのメディアは「リベラル」か「保守」か、「共和党支持」か「民主党支持」かなど、自分たちのポジションをはっきりさせることがある。公平性やジャーナリズムのルールは厳守したうえで、特定の立場を持つ読者をある程度想定して情報を発信している。おそらく企業も、同じような状況に置かれているのではないか。企業をある種のメディアとして考えてみれば、商品というコンテンツを発信していると考えることができる。それで言えば消費者は「読者」だ。ナイキ社は、自社のシューズやスポーツウェアを買う若くてアクティブな消費者に向けてあの「動画」をつくった。

環境や人権の問題、教育格差の問題、大量消費社会の問題など、さまざまな社会課題について企業経営者は考えて、自社のスタンスを決めざるを得ないことが、今後のグローバルビジネスでは増えてくることだろう。とはいえ、ポジションを取るというのは、ある矛盾を抱えることだ。そこで直面することになるのが、「エコーチェンバー問題」だ。ある閉じられた環境の中で特定の考えが「反響室」での会話のように増幅する現象を指す。一部のメディアがポジション獲得競争を激化させ、読者が喜ぶようなコンテンツを提供し、それを読者が過剰に求めてしまう構図がSNSによって強化されるように、企業が自社のポジションを先鋭化させたらどうなるだろうか。

あくまで問題を深く考えるための思考実験だが、たとえばH&Mが、反中国というスタンスを強めることで、中国人に対するヘイトが生まれたり、「中国のビジネスはダメ」で、「欧米のビジネスこそ正しい」という分断が生まれたりする可能性もある。もともと企業は、こうした価値をめぐる問題から距離を取っていたが、アイデンティティ経済には、こうしたネガティブな感情を増幅させる側面がある。そのことに私は危機感を抱いている。

現在、「SDGsを推し進める」ことは、誰にも批判されないような、「とても良いこと」だと思われているフシがある。おそらく、多くの日本企業がそう思っていることだろう。かつて「CSR（企業の社会的責任）」という言葉が広まったが、それと同じような「横文字の流行語」と考えられているのではないか。どこかSDGsには、国連が決めたありがたい言葉というニュアンスがある。

だが、SDGsを推し進めることとは、ポジションを取ることなのだ。ポジションを取らないことも、ポジションを取らないという「ポジションを取ること」だ。中国ともアメリカとも距離をおいて「二兎を追う」ことも一つのポジションである。多くの企業がSDGs重視を掲げ、多額の広告宣伝費をつかってそのことをPRし、SDGs的な新しいビジネスに投資を重ねている。それによって消費者は、企業という存在を過剰に信じるようになるだろう。こうしたなかで、人権問題に対して企業が曖昧な態度を取っていると、やがて消費者の失望を招くことになる。

ミャンマーのクーデターと日本企業

2021年の突然のクーデターで軍事政権が誕生したミャンマーの問題でも、私は同じようなことを感じた。ミャンマーには400社以上の日系企業が進出している。SDGsを掲げている企業もある。

暴力を用いて市民を抑圧している軍事政権の国で、企業はビジネスを続けていいのか。軍政権を強化することに加担しているのではないか。なぜ居続けるのか。これまで日本では、そうした議論はあまりなされてこなかったが、本来ならこうした問いと向き合わないといけない。

実際、ミャンマーに進出していたキリンホールディングスは、現地の国軍幹部が関わっていると見られる企業との提携解消を発表している。キリンはSDGsにも積極的な企業だ。生産過程における水資源やエネルギーの管理に気をつかうなど気候危機への取り組みにも熱心だし、ペットボトルの素材にもこだわっている。

SDGsに取り組むということは、さまざまな社会問題が抱える矛盾と向き合うことを意味する。これまでビジネスの問題ではないと考えられていた人権問題や政治思想にも、経営者なりの考えを持っていないといけない。そしてすべての社会問題は単純ではない。100％正しい答えはないからだ。

ミャンマーに駐在していたある経済官庁の官僚にキリンのことを聞いてみた。

「日本は今まで軍事政権ともうまくやりながら、ミャンマーの経済発展に貢献してきた。もちろんクーデターを起こした軍は批判しないといけない。一方で、日本企業の進出によって雇用を生み、ミャンマーの経済発展にも寄与してきたことは事実だ。日本企業が仮にミャンマーから引き上げたり、ビジネスをやめたりすれば、ミャンマーの経済が停滞してしまうのではないか。重い課題を突きつけられている」

この官僚は、「とにかく答えが分からない」という言葉を私に漏らした。

今後も軍事政権の弾圧が続くに違いないミャンマーと、どう向き合うべきか。企業が自らのアイデンティティを見定め、選ばないといけない。時にはその思いを文書として発表したり、SNSで発信したり、あるいは理念を商品やサービスに落とし込まないといけない。ところで、これを読んでいるあなたの会社は、ミャンマーのクーデターについてどう思っているのだろうか。上司や経営者は社内や社外に向けて何か発信をしているだろうか。

何も言っていない？　それともあなた自身がそういう質問をしていない？

ちなみに私は、基本的な人権が守られてこそ経済発展は成し遂げられると考えている。言論の自由や人権問題は、どちらが利益になるかという地平で議論するようなものではない。進出先の日本企業は強いメッセージを発信するべきだと思う。

企業だからこそできること

ミャンマーの話題から離れるが、社会問題に対して「沈黙する」というのも一つの選択だ。だが、その理由については沈黙できないこともある。何も言わないことについて、何かを言わないといけない。沈黙を選んでも、選ばなくても、特定の消費者からそっぽを向かれることがある。自身が発したメッセージが、「意識が高いお客さんのアイデンティティ」を強化したとき、同時に「店員さんのアイデンティティ」を傷つけることだってある。

企業の行為が政治的分断を加速することもあるだろう。

「玉虫色」の態度も、「二兎を追う」も、選択肢の一つだ。企業にとっては常に「白か黒か」ではなく、状況に応じてケースバイケースで決めるしかないという声もよく聞く。そもそも企業というものは、人員も資本も限られている存在だ。幅広く誰に対しても平等に実施する「行政サービス」と違って、「顧客」という限られた人に向けてサービスを提供するのがビジネスだ。だから、それは限定的で、ある意味で「排他的」だ。

だからこそ私は、ある種の期待を企業に寄せている。ビジネスは、有権者の合意をもとに行う政治的な決断と異なり、それぞれの企業に選択が任されている。営業の自由があり、ビジネスの方針をめぐる自由がある。街の中小企業の経営者からグローバル企業のCEOまで、ルールを守ったうえで好きな商品やサービスを売ることができるし、広告で独自のメッセージを発信することもできる。

Aという企業は環境問題に積極的なビジネスをすることができるし、Bという企業はあえてそれを選ばず、別の社会課題の解決を追求することもできる。あるいはCという企業は、SDGsのことを全く考えずにビジネスを展開するかもしれない。

先ほどのAという企業が環境問題に積極的に取り組んでいても、会社の規模が大きくないため、社員は30人しか雇えないかもしれない。それに対してDという大企業は、ビジネスを成功させることで多くの雇用を確保でき、SDGsでも大切にされている「労働問題」の解決に一役買うことになるかもしれない。企業同士、お互いが補い合えばいい。SDGsの目標17は「パートナーシップで目標を達成しよう」だ。企業は、国連やNPOやNGOのみならず、他の企業とも連携することが求められている。

ビジネスの力

これまでさまざまなケースを検討してきたことからも分かるように、私たちのアイデンティティは多様だ。「個人的なこと」はどこまでいっても「個人的なこと」であり、他人とは分かり合えない部分が、どうしても残る。であるがゆえに、時には衝突する。

しかしビジネスの力とは、次のようなものではないだろうか。

私たちは、たとえある企業の商品やサービスが自分に合わなくても、他の会社の「別のモノ」を選べる。中国のウイグル問題に批判的なH&Mが自分の価値観に合うのなら、その会社の商品を買えばいい。ユニクロを買い続けてもいいし、逆にユニクロからH&Mに乗り換えることだって自由だ。

今のところウイグル問題に中立に近いスタンスを取るユニクロも、いずれ方針転換をしてウイグル問題について積極的に発信するかもしれない。こうした方針転換がスピーディに行えるのも企業の利点だ。実際ユニクロは、フリースやダウンをはじめ、画期的な商品を素早く開発し、私たちを驚かせてきた。取締役会や株主総会、そしてコーポレートガバナンスにもとづくルールなど、企業の行動を縛るものはあるものの、政治よりは素早い決断が可能だ。いい意味での朝令暮改もできるし、むしろ賞賛されよう。法務省のキャンペーンによってではなく、ビジネスを通して、日本でも人権について考える人が増えるはずだ。

インターネット関連企業で働く読者なら、ABテストという手法に馴染みがあるだろう。たとえば、Tシャツを売り出すとき、デザインを青色と赤色のどちらにするか迷っているとする。その場合、青いTシャツと赤いTシャツの広告をネットで出してみて、どちらのクリック率が高かったかをすぐに知ることができる。ついでに、黄色いTシャツや緑色のTシャツも広告に出せる。青、赤、黄、緑、どの色の反応がいいかを調べ、人気があった商品を多めにつくって店頭に並べればいいのだ。ネットによって広告を出すコストが急激に下がったので、こうしたトライ&エラーができる。いつでも試せて、いつでも引っ込めることができるのだ。

ビジネスのよさとは、試行錯誤が許されていることだ。私たちはこうした企業の実験と失敗と挑戦を通して多くのことを知ることできる。H&Mの決断によって、中国のウイグル問題について知ったし、人権問題について考えることができた。ユニクロの苦しい立場も想像できるし、日本企業としてどうあるべきかを思考する機会ともなった。身近なファストファッションが、国際政治につながっているのだ。個人の価値観をもとに商品やサービスの消費がなされ、価値観が衝突する国際政治の場と交差する。そうした時代に私たちは生きている。

だからこそ、企業は思考を深めて、経営トップ自らが価値観を発信しなければならない。なぜウイグル問題にコミットするのか、なぜ距離を置くのか。重要なのは、どのような結論になったとしても、そうした結論に達した理由をきちんと説明することだ。中立であることは、沈黙することではない。そして、メディア、NGO、消費者もそれに応えて一緒に考えることが大切だと思う。

商品・サービスの力

これまで議論してきたことを若干「ちゃぶ台返し」するようなことになるが、私は価値観やアイデンティティから自由な「商品・サービスの力」を評価したいという気持ちも、どこかにある。

ありていに言えば、よいモノを出していれば、消費者は、最後の最後では、ついてきてくれる、ということだろうか。

たとえばナイキ社は、アメリカでも日本でも批判された。「もう買わない」「別の商品を買う」という声がSNSにあふれた。しかし、そうした声を上げていた人たちは、本当に「もう買わない」のだろうか。

ナイキが魅力的なスニーカーの新商品を出したときは？　軽くて雨に濡れても平気なランニングウエアを発売したときは？　あるいは、子どもや恋人や友人がナイキのファンで、「プレゼントにナイキのシャツが欲しい」と言ってきたときは？　そうしたとき、私たちはもしかしたらアイデンティティからいったん離脱し、商品の魔力に従うかもしれない。「個人的なこと」が「経済的なこと」ではなくなる瞬間というのが、あるのだ。

アイデンティティとは、もともと偶然性が高いものだ。生まれた環境、信じている価値観、地域や国の状況、それに働いている場所。そうしたものによって私たちのアイデンティティは形成され、時にそれは権力者から圧力を受けても簡単には変わらない、揺るぎないものになる。

仕事におけるアイデンティティは自由に選べるのが現代社会だ。生まれた地域とは異なる場所でキャリアを積むこともできるし、海外で仕事をすることだってできる。もちろん、アイデンティティは気軽に選べないこともある。それによる社会的抑圧もある。

それに、「アイデンティティは自由だ」という言説は、政治的な文脈では、非常に暴力的になる。黒人差別に立ち向かったBLM（ブラック・ライブズ・マター）の運動に対して、「黒人というアイデンティティに、こだわりすぎではないか？」と言ったのは、アイデンティティに悩んだことがない強者の白人らだった。ただ、本書ではあえてビジネスの文脈で「アイデンティティ」という言葉の定義を広く取り、別の角度から考えていく。

ビジネスにおけるアイデンティティが多様であればあるほど、また言語化されればされるほど、社会は豊かになっていくと私は思っている。「自分はフリーランスである」「自分はトヨタ自動車の社員である」「自分は環境活動家である」「私は牛肉とお酒を口にしたくない」——。アイデンティティに根ざした言葉をみんなが堂々と自由に口にすることで、人にはそれぞれの価値観があり、世界の見え方が違うということが、鮮明になっていく。

ただ、SNSの時代において、アイデンティティは先鋭化する。他のアイデンティティを持つ人を拒否して、反発したくもなる。しかしながら、よく考えてみると、アイデンティティは個人的なものであるように見えて、本質的には個人的ではないものだ。なぜなら、「私は〇〇という立場である」という言明は、他にも仲間がいることを含意しているからだ。

個人が個人であるだけでなく、個人を超えた他者とのつながりがあるからこそ、アイデンティティは生まれる。アイデンティティは必然的に他人を巻き込む。私たちは個人であるだけでなく、自分と似たような他者と集団を形成することで、アイデンティティの土壌が形づくられる。そこには他人がいる。重要なので繰り返すが、本来的にアイデンティティとは他者性のあるものなのだ。

アイデンティティに他人がいるということは、「自分」とはちょっと違う。本当の自分は自分にしか分からない。いや、もしかしたら本当の自分なんてものは存在せず、さまざまな他人との関わりの中から生まれるものなのかもしれない。そして他人と関わることで形づくられるのがアイデンティティだとしたら、そこから距離を置くことも自由だ。どれだけ親しい家族や友人であっても、時には距離を置きたくなるものだ。

離脱可能であり、いつでも参入可能であり、みんなが、たまたま集まって、形づくられるものがアイデンティティの一つの側面だろう。商品やサービス、そしてビジネスは、そうした偶然性に気づかせてくれる。私たちの人格は、ビジネスを通して形づくられる面がある。買い物を通して自分を知ることがある。しかしそれらはしょせん、ビジネスであり買い物にすぎない。そんな距離感が、アイデンティティというものがもともと持っているある種の「恣意性」に気づかせてくれるのではないだろうか。

第五章

職場が「安全地帯」になる日

職場で形作られる「アイデンティティ」

これまで本書では、企業が自らのアイデンティティにもとづく価値観を発信し、消費者やマーケットとコミュニケーションを重ねていく様子を見てきた。「ジャングルジム」を行ったり来たりしながら、「個人的なこと」が「経済的なこと」になっていくダイナミズムを見てきた。

ところで、企業のトップが「ビジョン」を発信することは大事だ、という話はよく聞く。しかし、それでは不十分だと私は思う。これからの企業は、社長だけでなく、一人ひとりの社員が「個人的なこと」を言葉にして話せる職場でなくてはいけない。社長はむしろ黙っていてもいい。社員が自分の考えや悩みを発信すれば、さまざまな価値観との衝突も起きるだろう。そのことを通じて、そのアイデンティティもまた変化していく。そのような新しい企業社会が今後生まれるはずだ。

職場には、正社員、非正社員やフリーランスの人も含む多くの働き手たちが集まってくる。一般的に言って、1日8時間、1週間に40時間という長い時間だ。今はリアルなオフィスだけでなくオフラインで働く人も増えているが、1日のうちかなりの時間を何らかの「仕事の空間」で過ごしているはずだ。1日8時間の「仕事の時間」が積み重なっていけば、何十時間にも、何千時間にもなっていく。

私もそうだが、気づいたら人生の大部分は「仕事」をして過ごしている。将来はベーシックインカムが広まって仕事をしなくてもいい社会になる可能性があるし、働き方改革で、仕事以外の時間を大切にするようにはしている。とはいえ、「働くこと」が、現代社会を生きる私たちの価値観に影響を与えないはずがない。会社の中のさまざまな価値観が、知らず知らずのうちに自分のアイデンティティや考え方など「個人的なこと」にも影響しているはずだ。

部下からの相談

私がこのことを考えるようになったのは、2016年のことだ。当時、編集長に就任したばかりのハフポストで、20代の部下の井土亜梨沙さんから深刻な相談をされた。生理痛が激しくて仕事に影響が出るのだという。会議室で向き合ったとき、こんなことを言われた。

「生理といっても、そのつらさを分かってもらえない、と思うんです。でも、たとえて言うなら、体の中にプロボクサーが住んでいて、激しいパンチを繰り返されるような感覚です。そういうときは家で仕事をしたり、人が少ないほうの部屋で仕事をしたりしてもよろしいでしょうか」

男性である私は、無責任なほど、この感覚について分かっていなかった。今でも本当の意味では分かっていないだろう。ただ、「プロボクサー」という表現がすごく分かりやすくて、とてもしっくりきた。

その後、妻に話を聞いたり、何冊かの本を書店で買って読んだりした。産婦人科の先生にも質問したりしていくうちに、自分の無知を恥じるようになった。

井土さんによると、生理前には精神が不安定になったり、体調を崩したりする「PMS」に悩まされ、仕事に集中できなくなるときがあるそうだ。他人のちょっとした言動が気になったり、仕事の前日に涙が流れたりすることもあるという。普段はアイデアがどんどん出てくるタイプの社員だったが、PMSのときは会議でも前向きな発言がしにくくなるのだという。病院で検査もしたが、「どこも悪いところはなかった」という。

本人と話し合い、在宅勤務を認めることにした。状態がひどいときには、きちんと病院に行くことも確認し合った。コロナ前であったが、ウェブ会議ツールも使いつつ、会議に参加できるときは映像はオフにして加わってほしいと伝えた。

日本では生理休暇は法律に盛り込まれているが、実際に取る人は少ない。朝日新聞によると（2006年6月9日）、民間企業で生理休暇を申請した人の割合は、ピーク時の

1965年で26%だったのに対し、1981年には13%となり、2000年代に入って1・6%になった。いまも取得率は低いままだ。記事では、ナプキンの品質向上などが理由として挙げられていたが、取材をすると、女性が悩んでいることに気づいた。生理休暇を取らない理由として次のようなものが挙がった。

「休暇をとれば仕事で不利になる」
「弱い女性だと思われる」
「なかなか打ち明けられない」

井土さんから相談されたとき、私が考えたことの一つは、なぜ生理の話を上司である私に打ち明けたのか、ということだった。信頼してくれていたからならよいのだが、私は友人や家族ではない。私に相談したのは、「個人的な問題」とされてきた、こうした身体をめぐる悩みは、実は仕事のパフォーマンスに関わる「職場の問題」だということを直感的に彼女が理解していたからだろうと思った。つまり、ただ悩みを聞いて終わりにするのではなく、社内の制度に落とし込むなど、「チーム」としての解決を期待していたのだった。

「個人的なこと」が「職場のこと」になる時

「これは、身体の問題でもあるが、働き方の問題でもある」と井土さんがふと漏らした一言を、私は今でもはっきり覚えている。

従業員が自分の価値観を発信するというのはこういうことだ。職場というのは、内面を含めた「個人的なこと」、たとえば自分の悩みを打ち明けてもいい場所であり、上司はその解決を図ったり、心理的な安全性を確保したりしなくてはいけない、それも仕事だと教えられた経験だった。オープンに語ることで問題を提起しただけでなく、課題をみんなで解決していくというポジティブな姿勢が見てとれたのも、私にとって学びが多かった。

男性である私は、生理痛に対して本当の意味で「共感」することはできない。しかしながら、少なからず「理解」することはできた。そのため、ハフポストの就業規則を変更して、生理休暇をより取りやすくした。アメリカ本社のCEOにも掛け合った。なぜそういう制度が必要なのかを英語で説明するため、洋書もいくつか読んでみた。

生理休暇は、労働基準法で定められている権利なのだが、職場のあり方として考えることで、「個人的な問題」があらためて「職場の問題」になった。社内制度にすることで、他の社員にも、身体のことを含めて個人にはそれぞれの事情があるので、できるだけ自由に「休んでいい」というメッセージは伝わったようだ。

その後も何人かの社員から「実は私も悩んでいたので助かった」という連絡が私に寄せられた。さらに生理などの身体的な悩みに限らず、さまざまな価値観や悩みを私に打ち明ける人が増えた。たとえば、それはこんな「悩み」だった。

「飲み会はあまり好きではない」

「会議で発言するより、自分の考えをメモにして事前に渡すほうが得意だ」

「自分にとって職場は成長の場なので、今までと違う仕事をやってみたい」

自らのアイデンティティを職場で確立しようと懸命になっている社員を見て、それこそが彼女たち彼らの本当の姿なのかもしれない。そう思った。これほどまでに「個人的なこと」が「職場のこと」であるとは思わなかった。

「家族」型企業と「チーム」型企業

私は「家族」と「チーム」という二つの言葉を意識して、ハフポストという会社組織を運営していた。組織は家族であるべきか、チームであるべきか。これが私にとっての問いだった。

やや単純化して言うが、従来の日本的な企業は「家族」のような組織だったのではないだろうか。しかし、「個人的なこと」が重視されるアイデンティティ経済の時代において求められるのは、「チーム」のような企業だと思う。このことを検討していこう。

まず「家族」型の企業は、離脱することが非常に困難で、「情」と「血縁」によって強固に結びつけられていることが特徴だ。だから安心感が与えられる。家族型の企業は、日本の終身雇用型の会社に多く見られる。新卒で一括採用して、入社したあとにどんどん仕事が割り当てられる。人事異動もある。さまざまな部署を経験させて、長い時間をかけて、その会社の社員としてのスキルを身につけさせる。最近の言葉で言うと、「メンバーシップ型」の雇用とも言える。

大学を卒業して会社の「メンバー」となり、その後は会社の言うとおりに異動や転勤を重ねる。時には個人を押し殺して我慢する代わりに、長く働けば働くほど給与が上がり、老後のための退職金も出る。大企業だと、社員専用の住宅ローンや旅行商品まで用意されていて、プライベートも会社が面倒を見てくれる。

一方で、チーム型の企業は、ＩＴ企業などによく見られるスタイルだ。社員は、同じ時期に一括採用されるのではなく、職種ごとに別々に入社する。まずは会社に入って、そのあと仕事を決める方式ではない。具体的な仕事があるからこそ、求められて入社するのだ。たとえば、プログラミングが得意なら会社のエンジニアとして入社するし、マーケティングが得意ならマーケッターとして入社する。

得意分野を持つ者同士がパッと集まるチームのようなものだ。最近では、このタイプの雇用を「ジョブ型」雇用と言う。エンジニアとして仕事をして一定の成果を上げれば、そこから別の部署に異動になるのではなく、別の会社に転職することでキャリアを重ねていく。メンバーとして会社に入るより、「ジョブ」という仕事の内容に合わせて会社に入る。

大企業を中心とした日本の会社は、まるで「家族」のように社員を扱った。新卒で会社に入ったら、定年までつとめる。社員旅行もあれば、週末に一緒にゴルフに行くこともあった。かつて日本では、銀行や郵便局が土曜日の正午まで営業していたため、職場の人と過ごす時間が今よりも長かった。もちろん「離脱すること＝退職」は自由だったが、当時は転職や副業が珍しく、滅私奉公の精神で何十年も働く人が少なくなかった。会社の福利厚生は充実していて、社内に産業医がいたり、熱海などに保養所があったりした。「個人的なこと」は存在せず、すべて「会社のこと」であったと言えよう。

滅私奉公の精神で会社に一種の「愛情」を注げば、会社も愛情を持って一生の面倒を見てくれた。上司と部下、同僚同士の結びつきは「血縁」なみに強く、本来の血縁である「家族」との時間を犠牲にしてでも、会社の仕事を優先した。こうしたなかで転職することは、〝血族〟を裏切る行為にもなった。

一方、ＩＴ企業など比較的新しい会社で働く人に終身雇用という発想はない。

私が働いていたハフポストも、一種のＩＴ企業だ。本社はニューヨークにある。フランスやイギリスにも拠点がある。いろんな人が転職してきたり、退職したりということが日常だった。しかも、「あっさり」しているのだ。突然メールが来て、「○○の会社からやってきた」と自己紹介が始まる。聞けば、すでに会社は2、3社目だという。

そうかと思えば、「自分はニューアドベンチャー（新しい冒険）に出るんだ」というようなメールで、誰かが退職を伝えてくる。ちょっとしたフェアウェルパーティを行うときもあるが、定年退職を迎えた社員に花束と色紙が渡され、涙があふれるような送別会とは雰囲気が異なる。それでいて、「ハフポストはファミリーだ」といったこともよく言われた。

たとえ退職しても、自分はいつまでも「ハフポスター（ハフポストの一員）」だという人もいたし、会社のロゴが入ったＴシャツを嬉しそうに着ている人もいた。シリコンバレーのグーグル本社を私は２０１５年ごろに訪ねたことがあるが、当時の社内の人気スポットは、グーグルのロゴマークが入ったＴシャツやマグカップを売っている社内土産物店だった。それを社員が自分で買って職場で着ていることには驚かされた。日本の会社員が「ソニー」とか「日立」とか「東芝」などのロゴ入りＴシャツを着ていたら、私はギョッとして目を疑うだろう。

ともあれ、いろんな会社のことを見聞きしていくと、「家族」より「チーム」のほうが結束力があるように思えるから不思議だ。日本の家族型経営は結束力が高いと賞賛された時代があったが、私は最近、それは疑わしいと思っている。

見えてきた日本の社員像

私の手元に興味深い資料がある。一橋大学名誉教授の伊藤邦雄氏が中心となってまとめた「人材版 伊藤レポート」の参考資料として、経済産業省が2020年7月に作成したものだ。この資料によると、現在の勤務先で引き続き働きたいと考える人は、日本では52・4%。アジア太平洋地域の14カ国・地域の中で最下位で、1位のインドの86%から大きく引き離されている。転職したいと思う人の割合も最下位で、25・1%だった。こちらも1位はインドで52・4%だった。

さらに興味深いのは、資料の中で紹介されているアメリカのギャラップ社の調査だ。日本では会社に「熱意」のある社員はわずか6%で、調査対象139カ国のうち132位だった。世界の平均は15%で、アメリカやカナダは31%だった。こうしたデータから浮かび上がってくるのは、会社で長く働きたいと思っていないにもかかわらず、転職や起業も望んでおらず、仕事にも熱意を持っていないという、日本の社員像だ。

それぞれ異なる調査手法を用いてとられたデータなので一概には言えないが、私は日本の「家族」型企業は実は仮面家族というか、本当の意味で深いつながりはないのではないかと考えている。

そもそも、リアルな「家族」ですら、現代では選択可能だ。一例を挙げよう。東京・渋谷の中心部の16階建てのビルで暮らしている「拡張家族」がいる。他の拠点と合わせるとメンバーは約100人いる。「Cift（シフト）」というコミュニティーだ。小さい子どもからシニアまでいる。血縁で結びついているわけではない。弁護士、料理人、クリエーターなどさまざまな職種の人が集まって、ともに暮らしている。一緒にご飯も食べるし、子どもの面倒もみる。家族旅行のように旅に出かけることもあるという。

私の知人で、離婚したあとも、別れたパートナーと子どもと一緒に食事をしたり、お互いの家に泊まったりして助け合って生きている人がいる。争いが絶えない「本物の家族」よりよっぽど家族らしい。新しいスタイルの家族はどんどん増えている。家族の形でさえも自由に選べるようになっているというのに、日本の会社の多くが、旧来型の新卒一括採用や終身雇用をいまだに残している。入社してしまえば、あとは会社の言うことに従っていればいいという時代ではもはやない。むしろ「Cift」や、離婚後も家族のように過ごす私の友人のように、自分の意思でそのスタイルを選んで互いに結びついているほうが絆は深いのではないか。強制ではなく、自発性によってこそ、血縁より深い絆が生まれる。

耐えられないのなら、口を開こう！

「新卒一括採用、終身雇用型の企業」の問題点をひとつ挙げるとすれば、絆を結ぶうえで必要な「ビジョン」の提示を怠ってきたことだ。仮に新卒で会社に入った人が、定年までの数十年にわたって会社にいてくれるだろうという予測があれば、会社に残ってもらうための「深い理念」はいらない。年齢が上がるにつれて、給料も上がるのであれば、年次を重ねれば重ねるほど会社に残るインセンティブは生まれる。「〇〇社」の社員という身分と、給料が上がり続けるという賃金カーブを社員に与えておけば、ますます会社を離れられなくなる。そうなれば、釣った魚にエサはやらない。絶えず対話を重ねて、社員と価値観のすり合わせをする、ということはしないのだ。

自分たちの会社に残ってもらうには、経営陣は社員に対して「言葉」を尽くさないといけない。ビジョンを語らないといけない。深い理念も必要だ。社長自身の「個人的なこと」を話さないといけない。

もちろん、給与や仕事のやりがい、キャリアアップにつながる経験を積めるかどうかなど、会社で働く理由はさまざまだ。だが、これからの企業社会に必要なのは、一人ひとりの従業員の「心の中」と向き合い、従業員自身がその「胸のうち」を安心してオープンにできる職場づくりだ。

何度でも繰り返すが、給与が大事なのは間違いない。年収500万円が1000万円にアップするなら、迷わず職場を変えるだろう。しかし、転職した先がブラック企業で長時間労働と残業が当たり前なら、新たに得る500万というお金で、命を削っているようなものだ。あるいは、会社が消費者を騙して劣悪な商品を売っているなら、500万円で自分の良心を切り売りしているのと同じだ。

それでも「500万円アップなら」と我慢できるかもしれないが、そこまで給料が変わる仕事はそんなにあるものではない。もし数十万円や数万円しか給料が変わらないのなら、きちんとした「言葉」を持っている会社を選ぶ人が多いのではないか。なぜなら、ビジョンがある会社には、職場での安全性や商品に対する倫理観があるからだ。

会社はなぜ存在し、何のためにビジネスをしているのかを自分の言葉で語れる経営者がいれば、その職場に長時間労働などの問題があったとしても、改善に向けて前進することができるだろう。社長が「ある若者の講演を聞いて、環境問題やジェンダー問題に敏感であることに驚いた。自分は勉強不足だった。何ができるか考えたい」と社内のポータルサイトや朝礼などで打ち明ければ、従業員も胸襟を開いて、職場に関するさまざまな課題を語り合いたいという気持ちになるだろう。

たとえば、その会社の商品に不要なプラスチックが使われていて、それを指摘する声がSNSで流れているのを見つけた従業員に、社長にそのことを伝えようとする勇気が生まれるかもしれない。なぜなら、この会社はなぜ存在するのかという理念を自分の言葉で語れる人は、他人の言葉にも敏感だからだ。自分の言葉を持っている社長ほど、言葉を発することの苦労を分かっている。

理想主義的に聞こえるだろうか。でも、考えてみてほしい。最近の企業のトップはよくネットで発信するようになった。ツイッターやフェイスブックをやっている人もいるし、自分の書いた文章をnote（ノート）で公開している人もいる。自らが公開していなくても、社員の誰かがSNSに書き込んでいるかもしれない。現に、アメリカでは経営者の社員あての全社メールがネットにもれるケースがよくある。そのため、自分の言葉を持たざるを得ない経営者が増えている。そして、言葉を持つということは、他者の価値観に「開かれている」ことを意味する。なぜなら言葉は、聞く相手がいて初めて生命を吹き込まれるものだからだ。

いまや企業が自社サイトにインタビュー記事などをたくさん載せるようになった。このような媒体を、オウンドメディアと言う。企業のトップが「取材」を受ける機会は、ネット時代のメディアの乱立によって加速度的に増えている。インタビューを受けることで、必然的に人は言葉を磨いていく。そうなると、従業員たちもその言葉に反応し始める。もし仕事で「もやもや」を感じることがあるのなら、それについて黙っていられるほど、私たちはもはや強くない。言葉にしないと、やっていられない。黙って押し殺せるほど、メンタルの余裕は残っていない。なぜなら、この低成長時代にあって、現実はすでに大変つらく、私たち一人ひとりも「限界」を迎えているのだから。耐えられないなら口を開こう。

社員の「個人的なこと」を上司は知るべし

最近、日本の企業でも「1on1（ワン・オン・ワン）ミーティング」が広まっている。部下と上司が1対1で話し合うタイプの面談のことだ。

上司や同僚の代わりにこの面談を行う会社まである。エール株式会社がそれだ。取締役をつとめる篠田真貴子さんに取材をしたとき、日本の会社員は「聞いてもらう」という経験が圧倒的に足りないのだと話してくれた。

篠田さんによると、日本の学校教育や上意下達型の組織文化で奨励されてきた「話を聞く」が意味するのは「黙って従う」ことなのだという。これからの時代において、話を聞かなくてはならないのは部下ではなく、むしろ上司だ。「偉い人」こそが、耳をじっと傾けないといけない。日本企業では、上司から部下へのコミュニケーションは、一方通行の指示や仕事の進ちょく確認がメインになっている。部下の話に耳を傾けるようにはなっていない。上司が自分の話だけをして終わってしまうという面談も多い。

古い日本企業の会議のように、上長である人が部下を説教したり、何かを教えたり、強制させるというよりも、むしろ、部下がやりたいと思うことを聞いたり、内発的な思いに耳を傾けたりすることが大事になってくる。そのなかで、部下がどのようなことに価値を見出しているのかが分かってくる。

先ほどの「年収500万円企業」と「年収1000万円の企業」の例ではないが、職場のチームメンバーは働くときに、何を大事にしているのか、やはり年収なのか（それも当然だろう）、それとも年収でそこまで差がないなら、企業の風土や仕事のやりがいなのか。あるいは、お金を稼ぐことにどこまでこだわっているのか。

このようなコミュニケーションが求められるようになった背景には、会社組織のあり方が大きく変化したことがある。一つには、コロナ禍で顕著になったように、会社内のコミュニケーション手段が一気にデジタル化した。SlackやLINEなどのオンラインツールを使えば、部署や直接の上司を飛び越えて、会社の誰とでも気軽に連絡を取れるようになった。会社の社長に直接メッセージを送ることも、物理的には相当ラクになっている。席順も上座もない、オンライン上のウェブ会議ツール「Zoom」や「Teams」も一気に広がった。図を見せたり、チャット欄を活用したりすることで、誰もが発言しやすくなった。本当に必要な人とだけ会議をすることもでき、訓示を述べるだけで何もしない上司の役割はますます低下している。

ＡＩやデジタル化による変化が激しいこの時代においては、上から何かを指示するばかりの上司よりも、部下と併走するコーチタイプの上司のほうがビジネス的には強くなっていく。なぜなら、経験豊かな上司よりも、現場で顧客と向き合い、若い世代のトレンドに触れている部下のほうが変化に対応できる可能性があるからだ。

資本主義の「モード」が変わってきたことも大きい。実際、雇用を維持することや、地域貢献に重きを置く企業も出てきた。株価や売り上げを上げるのは企業にとって大事なことだが、将来の投資として、あえて赤字を出す企業もあるし、より長期的な視点で経営するために、上場をやめて非上場企業になる会社もある。

コロナ禍のもと、従業員の雇用を守るため、他業種のビジネスに乗り出したり、従業員の副業やアルバイトを認めたりした会社もある。会社が目指すべき「ゴール」が多様化し始めている。働いている社員は「どんなことを思っているのか」、その「個人的なこと」

を上司や経営者は知る必要がある。社員にとって給料が上がるのは嬉しいことだが、それとは別のところにもやりがいを感じているはずだ。先ほど紹介したギャラップ社の調査において、日本では会社に「熱意」のある社員はわずか6%しかおらず、国際的にみて極めて低かったことを思い出してほしい。従業員の本当のニーズをつかみ取れないと、ビジネスは成り立たない。

こうしたなかで、上意下達型の企業組織の限界が指摘され始めている。経営陣は、いろいろな人が地位に関係なく自由に発言できるように環境を整え、社員の働く理由を把握すると同時に、現場にどのようなリスクがあるのかを把握しておかないといけない。ファミリーマートの社長だった澤田貴司氏は、店舗のオーナーやスタッフとLINEでやり取りをして現場の意見を吸い上げていたというが、こうした経営者はこれからますます増えるだろう。

職場の「心理的安全性」

最近のビジネス界では、職場の「心理的安全性」がキーワードになっている。エイミー・C・エドモンドソン氏の『恐れのない組織』（英治出版）の冒頭で描かれている、医療現場のケースを紹介しよう。

ある看護師が医師の判断ミスに気づいた。ところが、立場が上の医師に何も言えず、結果的に患者をリスクにさらしてしまうという現象だ。医療現場でなくても起き得る話で、身につまされる。何かミスをしても、普段から怒ってばかりの上司には正直に告白しにくいものだ。怖いだけでなく、「面倒だ」と思ってしまうという人間の心理がある。

旧来型の「上司―部下」間のコミュニケーションでは、常に無用な心理的駆け引きが発生し、うまくいかないことが多い。いつも得意げに説教をする上司に対して反論しにくいことは、誰しも身に覚えがあるだろう。上司に恥をかかせるのは忍びないし、自慢話をさえぎって話の腰を折るのは億劫なことだ。その場では話を聞いたふりをして、あとになって同僚や別の管理職と「調整」をして、仕事のつじつまを合わせるほうが効率的だ。

職場の心理的安全性を確保するには、話がしやすい雰囲気をつくるだけでなく、上司自身が「聞き役」に徹するという、「会話のモード」を変える必要がある。最近の中学校や高校ではアクティブラーニングという手法が採り入れられている。先生が一方的に教科書を読みあげるのではなく、生徒と双方向のやり取りを通して学びを深めるやり方だ。こうした授業では、先生が分からないことは「分からない」と言い、生徒に質問したりすることで、生徒が「話していい」というモードになるという。

先ほども紹介した「人材版　伊藤レポート」（座長・伊藤邦雄一橋大特任教授）では、アメリカの企業では1990年代後半から、無形資産への投資額が有形資産の投資額を上回るようになり、その差が広がっていることが紹介されている。

無形資産とは、特許やノウハウなどの知的資産のほか、企業ブランド、人材、データなどのことだ。工場や店舗など形のあるもの（有形資産）ではなく、姿形のない「見えないもの」にこそ企業の競争力の源泉があるというわけだ。人材は、SDGsを推し進めている企業に集まりやすい。社会的理念を追求していればブランド力は高まるし、価値観の一致を求めて仕事を選ぶ人が増えているからだ。社会課題に取り組んでいる企業はESG投資の対象になりやすく、株価パフォーマンスが高いというデータもある。

これまで日本では、人材獲得が戦略的に行われてこなかった。人事部が取り仕切るため、経営と直結していない。戦略的人事に特化した役員「CHRO」などを置いている企業も、外資系企業の場合は37・7％だが、日系企業では12・8％しかない。

「人材版 伊藤レポート」が強調するのは、これまでの日本企業は、人材を費用（コスト）として考えていた、ということだ。「人件費を削る」のがよい経営者の条件とされ、「人件費が膨らむ」ことにはどこかネガティブなイメージがあった。しかし、これからの経営は人材を、投資する対象である資本として考えないといけない。人事部も、社員を「管理する」部署から、価値を「創造する」部署へと変わらないと生き残れない。そういう問題意識が、このレポートの根底には流れている。

人を大事にするというと、従来の日本企業が得意としてきたこと、というイメージがあるだろう。しかしそれは、強制された絆にもとづく疑似家族的なものだった。そこでは、社員の個性を抑圧し、女性や子どもを犠牲にする男性中心主義的な働き方が支配的だったに過ぎない。

「家族」のような企業ではなく、「チーム」のような企業になるにはどうしたらいいのか。本章の後半では、ここまで見てきた心理的安全性のことを視野に入れながら、個人が安心して働ける「安全地帯」に職場がなれるかどうかを検討していく。

職場が「安全圏」になる？

さて、まずは日本から少し離れて、東欧のポーランドの例から考えてみたい。英紙フィナンシャル・タイムズが２０２０年11月に、こんな特集記事を出した。「職場は従業員にとっての安全地帯になる」というタイトルが付けられていた。ポーランドの企業社会についての話だ。

ポーランドでは、ＬＧＢＴ（Ｑ）をはじめとしたセクシャルマイノリティーに対して抑圧的な政権が誕生した。大統領は、ＬＧＢＴの権利向上を目指す運動は「共産主義よりも破壊的なイデオロギーだ」と主張しており、家族などの「伝統的価値」を重んじる政策を打ち出している。一方、ＬＧＢＴの従業員の権利を認める企業の存在が、ポーランド国内では一種の「安全地帯」になっていることが、記事では指摘されていた。

ある面では日本も、似た状況かもしれない。与党・自民党の政治家が、ＬＧＢＴの当事者には「生産性がない」と主張したり、同性カップルは子どもを産めないことを念頭に置いたのか、「種の保存に反する」と発言したりするなど、差別と偏見に満ちた発言を繰り返している。日本では同性婚も認められていない。そんななか、与党の政治家が堂々とこうした発言をする様子は、当事者にとって恐怖心を抱かせるものだ。心理的安全性がまったくない社会になっている。

グローバル企業だけでなく日本の企業も、同性のパートナーを認めたり、ＬＧＢＴの権利をサポートするイベントを行ったりすることが増えている。たとえ政府が差別的で権威主義的であっても、職場が「安全圏」になる可能性はある。国や社会が変化するには時間がかかるが、企業の制度は早く変わる。グローバル化によって、会社内にさまざまな社員が入ってきて価値観が多様化する。うまく対応した企業で働く従業員にとっては、社内が生きやすい空間となる。

「人を大事にする組織」のほうが、ビジネスがうまく行く確率が高まることは、これまで繰り返し見てきた通りだ。世の中全体が、農業や漁業のような第一次産業から製造業へとシフトし、それが次第にサービス業、金融、ITへと、さらに大きく変わってきた。日本のような先進国では特にそうだ。そうなってくると、工場や設備、機械よりも「人的資本」に価値が置かれるようになっていく。設備投資も一巡してIT化が進めば、どのような工場を持っているかということよりも、優れたアイデアを持っている従業員がいるかどうかが、その企業にとっての価値となる。

リーマンショックを機に、多数の派遣社員が契約を打ち切られ、人権費が削られた。ただ、世界的に見ればリーマンショックは、資本主義に変化を呼び込んだ。それまで以上に企業は、環境問題など長期的なリスクに敏感になったし、人材も含めて、目に見えにくく数値化しにくい無形資産が競争力の源泉になったはずである。人と人との関係、人が持っているアイデア、アイデアを出しやすい環境が、企業価値に影響するようになっている。

人を雇っていることを「コスト」と考えるのか、あるいは今後も利益を生む「資本」と考えるのか。これだけでも十分変わってくるが、従業員の心理的安全性の高い職場のほうが、多くの人材が集まってくるだろう。

ここで言う「心理的な安全性」とは、日本企業ならではの福利厚生の充実だったり、能力開発とか研修制度が用意されていたりといったものだけではない。男性社員らが中心となって実施される「社員旅行」のようなイベントでもない。一人ひとりの従業員が安心してそれぞれの価値観を表明できること、何より働きやすい環境であることが決定的に大事になってきている。

職場という「結社」

とはいえ、こうしたことも「グローバルエリートの理想主義だ」と考える人は当然いるだろう。「心地良い職場」という、グローバル化の恩恵を受けられる特権的なエリート層たちと、グローバル化に苦しめられて、仕事そのものを失ってしまう非エリート層との分断が生まれる現実を無視してはならない。

職場の安全性どころではなく、職場そのものがない人たちがいる。このような分断は、世界各国で問題になっていることだ。そうした非エリート層の支持を集めているのが権威主義的な政治家で、グローバル企業が豊かになっていくからこそ、そうした層との格差が広がり、不満が高じていく。ヒラリー・クリントン氏が非エリート層を「嘆かわしい人々」と呼んだように、グローバルエリートたちは「自分は正しい」と言わんばかりに自らの価値観を押しつけてくるわりに、中間層から滑り落ちそうになっている人々や貧困層のことを考えていない、という批判も各国で起こっている。いけすかない企業よりも、力強いリーダーが率いる「国家」のほうが、頼りがいがあるようにも見える。

ただ、国家というのは、私たちそれぞれの「個人的な事情」を汲み取って救ってくれるような存在ではない。そうした国家が巨大な権力でもって国民を蹂躙しないよう、日本国憲法は人権を保障しているし、大学などの学校や政治団体、NGO、宗教団体といった中間団体は、国家に対抗する力となり得る。そして憲法では「結社の自由」が認められている。このことも重要だ。

ところで現代社会では、この「結社」も多様化している。地域共同体が崩壊するなか、代わりとなる「受け皿」も多種多様だ。

そのため、企業が「結社」として政治的な権威主義の対抗手段となり、さらに自身の価値観などを形成する場となることは十分ありえる。さまざまな同僚や上司と出会い、ビジネスの実践を通して人格が磨かれていくことだってあるだろう。これはエリートが集まるグローバル企業だから実現できるというものではない。中小企業や商店、できたばかりのベンチャー企業であっても、従業員が自らの価値観を語り合う場になる可能性は十分ある。

私は「職場」をそのようにとらえ直したい。特にSDGsの時代になって、ビジネスそのものが環境や人権、ジェンダーなどにコミットするようになったからこそ、そう位置づけたい。考えてみてほしいのだが、私たちは1日だいたい8時間、数十年にわたって働くことになる。人生の中で仕事場は膨大な時間を過ごす場であり、価値観も少なからぬ影響を受けるはずだ。

もし職場で、メンタルヘルスについての深い理解を持つ人がいれば、その社員の人生においても、心の病気に関する理解度が深まり、価値観も多様になるだろう。下請け企業ときちんとコミュニケーションを取りながら仕事を進めている会社があれば、個人として「公正さ」や「寛容さ」を身につける割合は高いのではないだろうか。

逆に、会社が売り上げ至上主義に走って、取引先に不当な圧力をかけることで利益を出しているのだとしたら、その会社の従業員が「弱肉強食」的な思想を身につけて、プライベートでもそういう振る舞いをしたとしてもおかしくない。読者の中には、会社から給料がそれなりに支払われているなら、自分の信念は押し殺して働くという人もいるかもしれない。会社の価値観なんて関係ない、自分の主義主張と切り離しているという人もいるだろう。

しかし、本当にそうなのだろうか。私たちはプライベートと仕事の場を分けられるほど「強い」存在なのだろうか。プライベートで本当の自分と向き合い、職場ではロボットのように働くということが、本当にできるのだろうか。「個人的なこと」は、そこまで押し殺しておけるものなのだろうか。

こうしたことを根本から考え直さないといけないのは、日本型企業が、個人の価値観をおろそかにして成長してきたからだ。

これまで多くの日本企業は、理念やビジョンをあまり大事にせず、長時間労働や転勤によって社員をしばりつけてきた。その見返りは、年功序列に見られるように、長く働けば働くほど給与が上がっていくシステムと、終身雇用による長期雇用の保障である。しかし、経済が激変する時代において、企業がそうした見返りを必ず提供するということは、もはやあり得ない。中には、短期間であれ高所得が得られるなら、いくら職場が理不尽でも我慢するという人もいるだろうが、それは幸せなのだろうか。それに、長時間労働によってお金を得たとしても、家族と過ごしたり友人と旅行に行ったりする時間を捻出できず、体を壊してしまったとしたら、本末転倒である。

もちろん、お金を稼ぎたいというのも立派な価値観だし、それがＳＤＧｓより劣っているとは思わない。ただ、ＳＤＧｓに取り組むからこそ、ビジネス的にも成功するのが新しい資本主義社会でもある。しかもこれほど価値観が多様化して、地球環境が悪化する時代において、そして消費者や若者からＳＮＳを通じて声が上がる時代において、人はお金だけで生きていけるほど強くはない。私たちの「個人的なこと」は、それぐらい強烈なパワーを宿している。

「オープンな職場」が大事な理由

労働者の支援を行うＮＰＯ「ＰＯＳＳＥ」代表の今野晴貴さんが、著書『ブラック企業』で紹介している、就職活動に関する衝撃的なデータがある。

それによると、大学3年生のときは、「ワークライフバランスが良くなさそう」「環境に配慮していない」などのネガティブな印象の企業には就職する気がなかったとしても、4年生になると、そうしたこともグッと飲み込むという。いやなことでも我慢することが「大人」とされるためか、ワークライフバランスがよくない企業に「行きたくない」という学生は、3年生の時は41・4％だったのが、4年生になると31％に減り、環境に配慮していないと「行かない」という学生も、3年生の時には29・3％もいたのに、4年生になると17・2％に減ってしまうという。

ワークライフバランスや環境に配慮した企業を選ぶことは「甘え」であり、4年生になると〝大人〟になって、社会の厳しさを知って考え方が変わった、ということなのだろうか。

しかし、学生を採用する側の日本企業や、就活をビジネスにしている人たちが、本当に社会の厳しさを知っているとは、私にはとても思えない。地球環境が悪化し、人権がないがしろにされ、職場のメンタルヘルスが問題となっている現状と向き合うことこそが、社会の本当の厳しさに立ち向かうということだ。私たちは今、職場がまともで倫理的であるべきだということにもう一度たちかえらないといけない。さまざまな問題を見て見ぬふりをすることが「大人としての態度」だとしたら、それは成熟した態度でも何でもなく、問題の先送りという無責任な態度だ。

ブラック企業に勤めていた、という人に何度か会ったことがある。とても奇妙で不思議だったのが、必ずしも会社を批判したりせず、時には経営者に対して尊敬の念すら抱いていたと言っていたことだ。「自分が〇〇さんの高い理念や社会の厳しさについて行けなかったのが悪かった」と言う人までいた。

働き手を不当に搾取するブラック企業は、社員を「洗脳」することがその特徴のひとつだ。たとえばブラック企業で働くのは、会社の成長のためであり、そこで営業成績のよくない社員は存在意義がないとされてしまう。また、お金をあまり稼いでいない若手の社員が、お金を稼いでいる先輩と長く話すことは、罪悪だという。先輩が稼ぐための時間を若手社員が奪ってしまったら、利益がマイナスになるからだ。『ブラック企業』によると、ブラック企業の被害者は、たとえ上司にセクシャルハラスメントの実態を訴えるときであっても、上司の時間を奪わないように「メモを作って手短に済ませようと努めた」。

ここまで見てきたように、人的資本の時代において、これまで価値があった工場や店舗などの有形資産から、知識やアイデアなどの無形資産にシフトしているのは間違いない。人が競争力の源泉であるのだが、そこでは、その人の人権や自主性を尊重することがセットになっていなければならない。ブラック企業が行う「洗脳」は人をロボット扱いしているだけであり、本当の競争力向上にはつながらないばかりか、基本的な人権の侵害として問題がある。職場で価値観を従業員が表明するのは、会社の価値観に染まるためではない。そこは注意しないといけない。

「自分がダメだから」で終わらせない

ところで、今野さんの『ブラック企業』は、「ブラック企業から逃げるのも大事だ」と伝えつつ、ブラック企業そのものを変えようというメッセージを発信しているところにポイントがある、と私は思う。自分が感じた職場の問題をユニオンや労働組合、弁護士に訴え、労働者同士がつながっていくことで、問題をより「公的な問題」に昇華させることができる。日本では、不当な解雇があったとしても、それは「個人的な問題」とされる。一方、欧州ではそれは働いている人に関わる「みんなの問題」となる。

言い換えるとそれは、自分が直面する問題を他者と共有し、チームになるということだ。

たとえば、仕事で失敗して上司に叱られたとする。「叱る」という行為が度を越して激しい言葉であったり、物理的な暴力を伴っていたり、社員全員の前で怒られるなど精神的な苦痛を伴っていたりする場合がある。

そうしたときに、「自分がダメだ」で終わらせず、誰かと共有することは圧倒的に大事だ。もちろん、すべての問題を共有できるわけではない。プライバシーを守り、二次被害を防ぐことが最優先であるケースもあるだろう。ただ、会社としてきちんと対応することで、多くの社員と問題を共有できれば、個人の問題を越えて、組織が抱える問題の解消へとつながる。労働組合法が定めるように、会社側は組合との交渉を拒否することはできない。こうして個人の問題が、他人の「問題解決」に結びつく。職場で価値観を表明することによって、「個人の問題→職場の問題→社会の問題」へと課題意識が広がり、日本の社会そのものを変えていくのだと私は思う。

「個人的なこと」が発信できる職場を！

本章の冒頭で述べたように、生理痛のつらさを打ち明けた井土さんに限らず、私は職場の上司として部下たちのさまざまな悩みと向き合った。パートナーとの関係の悩み、メンタルヘルス、親との性格の不一致など、いろいろだった。専門家ではない私のアドバイスが悪影響を与えたりしないよう、医療機関の受診を勧めたこともある。

こうしたプライベートな問題を私に語ることで、私が「悩みを聞いてあげた人」となってしまい、上司としての私の権力性が増してしまうことにも注意した。もちろん、聞いたことは誰にも言わないし、取っていたメモも一定期間を過ぎたら破棄した。

悩みを聞いているうちに私は気づいた。メンタルヘルスや家族関係など、本来は社会福祉やプライベートな私的領域に関する出来事の影響が、職場の「中」に浸食しているということだ。社会学者のエヴァ・イルーズが「感情資本主義」と呼んでいる現象に近い。すなわち、労働や経済的な関係の中に、親密さや快適さ、お互いの悩みを打ち明け合う相互尊重が持ち込まれ、むしろプライベートな領域であったはずの家族の中に、時短家事などの発想が導入され、効率性や合理性が持ち込まれているという、今日的な資本主義のことを指す。いまや自宅は、効率的に食事をして、合理的に休息をとる場所になっているのかもしれない。そして職場でこそ、感情の発露が行われるという逆転現象が生じているのだ。

だが、何度も検討しているように、職場での過剰な感情の発露は、パワーハラスメントに結び付くこともあるし、ブラック企業に利用されかねない。それに、上司への過剰な気遣いは、職場の息苦しさを生むことになるだろう。つまらない上司の冗談に笑わないといけなかったり、必要以上に尊敬と感謝を求めてくる管理職に気を使わないといけなかったりするオフィスは地獄だ。

職場でもアイデンティティの発露が必要だと私が言うとき、それは経営者や管理職による発信を指しているわけではない。もちろん、経営トップがビジョンを発信することは必要だ。だが、より肝要なのは、弱い立場にある普通の社員が、自分の感情や価値観などの「個人的なこと」を発信できる職場こそが求められているということだ。

常に作り物の笑顔を求められる職場はいやだが、まったく笑い声がない職場も息苦しい。その笑いは上司ではなく、部下から発せられるものでなくてはならない。さもなければ、笑いの強要が起こる。本書で見てきたように、アイデンティティ経済の時代において価値観の発信は極めて大事だ。そしてそのためにも、上司や管理職など「上」からではなく、一般社員ら「下」からの「個人的なこと」の発信こそが求められているのだ。

最終章

SDGsが「腹落ち」するまでに

「怪しい海外の横文字」

今でこそ大手メディアはテレビ番組などで、SDGsのことを積極的に取り上げるようになっているが、2019年頃、この言葉はまだまだ「怪しい海外の横文字」だった。CSR（企業の社会的責任）、ISO（工業規格などに関する国際的な機関）、KPI（重要な業積を評価するための指標）――。ビジネス界にはいつも突然、3文字のアルファベットが入り込んでくる。2000年頃、情報技術を表す「IT」という言葉を森喜朗元首相は「イット」と読んだとされるが、SDGsを「エス・ディー・ジーズ」と読むことは、ようやく最近になって浸透してきた。

複数の単語のそれぞれ最初の1文字をつなげてつくる〝新しい言葉〟は「頭字《とうじ》語《ご》」と呼ばれて、英語圏の人が好んで使う。新型コロナウイルスの感染が拡大するなか、アメリカ人とやり取りをしているとき、「IRL」という言葉が出てきた。「In Real Life」のそれぞれの頭文字を取った言葉で、ウェブ会議ではなく、リアルな世界で、「直接会って話そう」という意味である。もともとは、オンラインゲームをする人たちのあいだで、仮想現実と対比的に使われたネット上のスラングだ。頭字語は軍隊でもよく使われる。「ASAP」は「As Soon As Possilbe」の略で、「なるべく早く！」の意。「エー・エス・エー・

ピー」と読む。

ネットも軍隊も、スピードが求められる。「頭文字」を使えば、よりスピーディに意思を伝えられる。それでいえばＳＤＧｓも、「まったなし」の課題であることがよく表れているように思える。

しかし、ネットや軍隊から生まれた頭字語がそうであるように、ＳＤＧｓも、分かる人にしか分からないという、どこか内輪な感じがあって、「うさんくささ」が漂う。

ある大手民放のプロデューサーと話をしていたとき、ＳＤＧｓの話になった。ＳＤＧｓ関連の番組を作れ、と上層部がうるさいのだという。「ＳＤＧｓって、何だか偽善的というか、きれいごとに聞こえるんですよね」と本人はボヤいていた。本書では、私の個人的な経験も交えつつ、国際情勢から冷凍餃子まで、さまざまな話題を取り上げて、ＳＤＧｓが何を目指しているのかを、読者のみなさんと一緒に、まるでジャングルジムを行ったり来たりするようにして考えてきた。だから、ＳＤＧｓは「きれいごと」にとうてい収まらないものだということは、すでに理解していただけていると思う。

ＳＤＧｓが「腹落ち」しない理由

でも、ひょっとしたら、この段階でも多くの人が、このテレビのプロデューサーと同じような印象を抱いているかもしれない。あるいは、本を手に取ってくれたものの、「最終章」から読み進めている方であれば（私もたまにそういう読み方をするので気にしないでください）、SDGsは何となく「うさんくさい」という気持ちを持っている可能性もあるだろう。

SDGsには、健康、エネルギー、食料問題などに取り組む目標があり、こうした各目標を追求するビジネスなどを行うことで、日本のGDPの2倍以上にあたる12兆ドル（1320兆円）の経済成長機会がある。新たに最大3・8億人の雇用創出にもつながる。（SDGsは、）国連が企業の動きに触発されて採択したものだ。（夫馬賢治『ESG思考』より筆者要約）

オランダの大手総合化学メーカーで、サステナビリティ重視の経営の評価が高いロイヤルDSMの前CEO、フェイケ・シーベスマ氏は「10年前は社会的に善いことと利益とは相反していた。現在はそれらを両立させることが可能な時代になっている。そして10年後は、それらを両立できていなければ、誰も働いてくれず、社会から望まれない会社になる」というメッセージを発している。（森・濱田松本法律事務所編『ルール・チェンジ

武器としてのビジネス法』より筆者要約）

このように、今の世界は「きれいごと」ではなく、ビジネスに突き動かされた結果として変化が生じている。これまでと異なる経済のフレームワークが形作られている。それでも、どうしても「しっくり来ない」という人に私は何度も会ってきた。

それもそのはずだ。環境問題や人権問題をめぐっては、NGOや政府が取り組むべきだとされ、利益を追求する企業とは相性が悪かったからだ。現在ではそれが変わってきたことは、本書で見てきた通りだが、まだまだ過渡期なので、「すべての企業にとって、SDGsは100％確実に儲かる」というところには達していない。しかも、世の中には、SDGsに取り組んでいるとアピールしていても、実際は環境について全く配慮していない「グリーンウォッシュ」も少なくない。エコバッグを持ち歩いたり、SDGsのシンボルカラーのバッジを背広につけたりするだけで満足してしまい、環境問題や人権問題に対する本質的な解決を先延ばししているという批判も出てきている。

資本主義の限界が指摘され、経済成長をストップさせる「脱成長」の議論も注目されるなか、企業と手を組むSDGsは、はたして「まやかし」なのか。環境問題の解決には効果のないSDGsのビジネスもこれから多く出てくるはずで、私たちは注意深く比較検討しなくてはいけないのは確かだ。

「儲け」もいろいろ

ＳＤＧｓやＥＳＧ（こちらもアルファベット三文字だ！）のような経済の新しいトレンドが生まれたとき、経済ニュースなどを通じて、ビジネスモデルや業界の変化など、さまざまなことを頭で理解していくことも大事だ。だが、決定的に重要なのは、「しっくり来る」かどうか、腹にストンと落ちるかどうかだ。考えてみれば不思議なことだ。ビジネスのような数字とデータが大事な領域においても、こうした理性を超えた「腹の具合」に私たちは左右されるのだ。

そのなかでも、特にＳＤＧｓは「腹落ち」が大事だ。怪しい横文字に思えるのは分かるが、私が出会ったテレビのプロデューサーのように、上司に言われたから仕方なくやっていては、長続きしない。人権や環境を本気で考えている欧州企業などとの競争に負ける。17ある目標の細かい文言や、新しくできる制度はネットで検索すれば、すぐ分かる。いま、私たちがやるべきことは、「しっくり来る」まで抽象的な思考を突き詰めることだ。

ところで、ビジネスにおいて最も「しっくり来る」ものといえば何だろうか。上司や取引先やマーケットを説得するときには、「儲かる」ということだ。仮にどのような意味においても「儲けていない」のだとしたら、それは、社会から支持されていないということでもある。その事実からは誰も逃れられない。「理想だけでメシは食えない」も、一つの真実だ。

私もハフポストでさまざまなイベントやライブ番組を企画したが、最終的には、「儲け」を意識しないと組織を動かせなかった。ビジネスをやるからには当たり前のことだ。民間企業のみならずNGOやNPOにおいても、収益を考えて活動を持続可能にすることは決定的なポイントだ。「儲かる」は、現代社会において重要な基準と言えそうだ。しかしながら、その「儲かる」にもさまざまな意味があるという点が、ややこしい。

ひと言で「儲かる」といっても、「利益」には営業利益、経常利益、純利益などがある。利益を確定させる期間に関しても、1年のうちの3カ月間である「四半期」の利益もあれば、1年分にあたる「通期」の利益もある。四半期だけで見ると儲かっていない企業でも、1年を通してみたら黒字になっている企業は少なくない。企業にとって最終的な利益である「当期純利益」から、株主に対するコストを引いた金額こそが、企業が世の中に生み出した「価値」であり、それこそが「真の利益」だという考え方もある（伊藤邦雄『企業価値経営』日本経済新聞出版）。もちろん、それぞれは相互につながっている概念だが、まずは「利益」という言葉が持つ多様性を感じてもらいたい。

「自分たちの会社は長期的には儲かる。それなのに投資家たちは四半期単位でしか評価してくれない」

よく聞く経営者の嘆きである。

「サイボウズは創業からずっと黒字の堅い経営をしてきた。このまま黒字体質でバトンタッチしたら、サイボウズは黒字にしないといけないという神話ができてしまう。それが嫌だったので、創業者も普通に赤字を出すという実績をつくっておきたかった」

情報共有ツールを手がけるサイボウズが、2015年度の決算で、創業以来初の赤字を出したときに、青野慶久社長が語った言葉だ。将来の投資のためにあえて利益を出さないことが、長い目でみたら会社の「儲け」になると考える人もいる。

インターネット上で見知らぬ多くの人たちからお金を集めるクラウドファンディングが広がってきた。

「こんなお店を開きたい」

「新商品のアイデアがあるので、商品化するお金が欲しい」

そのような夢をネットに公開して、みんなとコミュニケーションを重ねながら、寄付や出資に近い形で、お金を集めていく。言葉が誠実で、多くの人から愛されている人ほど、目標金額に達しやすい。貯蓄をするためのお金より、普段から「信頼」を積み重ねていくことのほうが「儲け」となる時代なのかもしれない。

「儲け」という数字に表せるものですら、私たちの「考え方」や「心の持ちよう」によってとらえ方が変わっていく。どのような儲けに「しっくり来る」のか。意外に大事な問いだ。だからこそ第五章では、「価値観」を職場で繰り返し表明することの大切さを説いた。序章では、従業員、顧客、消費者、株主などのステークホルダーの「価値観」と向き合うことの重要性について述べた。

確かに、ハードルは高いだろう。日本人が慣れていない分野でもある。ところが、そうやってステークホルダー同士が「しっくる来る」まで、ある程度の対話を行わないと、SDGsが腹落ちすることは永遠にないだろう。そうなれば、日本はデジタル化に続いて、またしても世界から取り残されることになってしまう。何もビジネスのトレンドをすべて追いかける必要はないが、SDGsは個人の話や一企業の話で済むものではなく、世界中に影響が及ぶ。しかも、人類以外の生物の生存も関わってくる。「待ったなし」なのは間違いない。

ビジネスの本質は「頭の中」に

新型コロナウイルスの感染拡大によって、会社に行かず、家で働くことが珍しくなくなった。これまで会社といえば、通勤電車に揺られながら通う「オフィス」というイメージがあった。だが、今では少なからぬ人にとって、「会社」といえばオンライン上のバーチャル空間だ。

私自身、新型コロナによる自粛期間中は、会社に行くのは1カ月のうち1、2回だけとなっていた。それでも何も困らなかった。ハフポスト日本版は、2021年5月に同業のバズフィード・ジャパンと合併したが、その合併交渉もオンラインで行っていた。実に不思議な経験だった。

オフィスや工場や店舗という目に見える物理的なモノがなくてもビジネスは回り、企業と企業がくっついた。もちろん、インターネットメディアという業種の特殊性もある。現場に行って経済を回し、困った人を助けるエッセンシャルワーカーの方たちを決して忘れてはいけない。ただ、新型コロナで「オフィスがなくなった」という経験をした人も少なくないなか、ビジネスの本質は、姿形のあるオフィスや工場にではなく、社員や取引先の「頭の中」にあるものだと改めて思えてくる。

貨幣論で知られる経済学者の岩井克人氏に『会社はこれからどうなるのか』（平凡社ライブラリー）という本がある。同書によると、先進国の産業資本主義においては、おカネで買える機械制工場が利益の源泉だった。ところが、ポスト産業資本主義においては、おカネで買うことのできない人間の頭の中にある知識や能力が利益の源泉となっていく。岩井氏は「おカネの支配力が相対的に弱くなっていく」と、21世紀の資本主義を展望している。

確かに現代社会では、社員のアイデアやノウハウによってビジネスが回っていく。工場や店舗などのモノと違って、そのアイデアを生み出す「ヒト」を、おカネで買うことはできない。高い給料を出して他社から引き抜くことはできるが、それは、その人を「買った」ことにはならない。人間はモノではないので、本質的に所有の対象にならないからだ。

それでも、かつては人をまるで商品を買うように低賃金で雇い入れ、ロボットのように働かせていた。サービス業など、近年でも不当な労働条件で働かせているところもあるが、そうした行為は今後厳しく是正されるだろうし、非人間的な労働はＡＩに置き換わっていくだろう。

おカネでは買えない「人の心」

おカネによって可能になるのは、従業員にとって働きやすい職場環境を整え、適切な報酬を支払うことで、頭をフル回転してもらってビジネスに貢献してもらうことぐらいだ。第五章で見たように、経営者がきちんとしたビジョンを語って、その社員に、心を開いてもらう必要がある。おカネで心を動かす方法もあるが、いずれ無力であることに気づくはずだ。

自分がいる会社と似た業種で、より自分にフィットする会社への転職はさらに容易になっていく。副業にしてもそうだろう。「そっちのほうが、やりがいがあるので……」と、より日当たりがいい住居に引っ越すように、会社を移っていく。

クラウドファンディングの事例で見たように、現代の従業員はおカネを稼ぐだけでなく、「信頼」を積み重ねていったほうがトクになる場合もある。おカネよりも、新しい仕事に挑戦して、業界の中の信頼を勝ち取ることを優先する社員はますます増えていくだろう。

どうすれば社員は心を開いてくれるのか、何のために会社は存在しているのか、どうしてその社員の力が必要なのか――。こうしたことを自分の言葉で発信でき、社員にも安心して語れる場を整える経営者がいない企業は、ますます見捨てられていくだろう。

「個人的なこと」が感じられない職場は、とても脆い。いくら才能のある社員を雇っても、さっさと転職してしまうに違いない。消費者も、値段や品質以上に、サービスを提供する企業の「心意気」を見ている。経営者といえども、「人の心」はおカネでは買えない。しかも、何度か述べたように、人間の頭の中にある知識や能力こそが、現代資本主義の利益の源泉なのだ。

私たちの心が、経済を動かしている。「個人的なこと」が「経済的なこと」になっている。頭の中に蓄積された技術やノウハウも、従業員の心が開かれないと使い物にならない。会社のオフィスもバーチャルになった今、多くのビジネスは、働き手たちの「心の中」に存在している。買い物のときも、目の前の商品だけでなく、自分の心の中の「手触り感」を確かめてからレジに向かう。腹に落ちるかが大事なことになってくる。それによって「儲かる」という言葉のイメージも広がっていく。

他者とアイデンティティ

ところで、「心」というものは、自分一人の力で形作ることはできない。そこには、他者が必ず介在する。私たちは、他者に見られて、他者と交流して、他者とぶつかり合って、自分の心を形づくっていく。アイデンティティを生み出す。

第一章で見たように、「他者の視線」が無限に広がっていく時代だ。企業のステークホルダーは、もはや株主だけではない。消費者、従業員、投資家、Z世代、アクティビスト、環境活動家、海の向こうのSNSユーザー。さまざまな人が「他者」となって、企業と対峙する。

他者の視点によって生まれるものの一つが倫理である。神作裕之・東京大学大学院教授の講演「企業の社会的責任：そのソフト・ロー化？　EUの現状」（『ソフトロー研究』2005年3月）で興味深い調査が紹介されている。

仮にある会社が、法律上は禁止されていないものの、人の健康に悪影響を与える可能性のある物質を含む商品を扱っているとする。この場合、企業は製造を中止するべきなのか、それとも販売を続けてもいいのか、決断を迫られる。「社内」の取締役にアンケートを取ると、「製品の回収」や製造中止を避ける傾向があるそうだ。法律で禁じられない限り、商品を販売し続けたほうがビジネス的にはうまみがあるという考え方なのだろう。一方で、会社の外から助言をする役割を担う「社外取締役」に意見を聞くと、製造中止にするべきだ、さらに回収すべきだという意見が過半数にのぼる。

社外取締役とは、企業にとって仲間であると同時に「他者」であるというハイブリッドな存在である。人は誰かと「距離」があると、異なる価値観を提示することができる。

「ソフトロー」の力

「理念」をベースとしたコミュニケーションは、企業という狭い枠の中だけでなく、国境すらも越えて海の向こうの他者ともビジネス上のつながりを生み出す力がある。そのつながりこそが「ソフトロー（soft law）」だと私は思っている。

「背任罪」や「殺人罪」のように、法に触れれば刑事罰もありえる「ハードロー（hard law）」に対して、「ソフトロー」は、業界団体の自主規制、企業統治の指針、国際会議での取り決めなどを指す。国連が17の目標を定め、世界中の企業がそれに準じたビジネスに転換しつつあるなか、SDGsを広い意味での「ソフトロー」ととらえることもできよう。法的拘束力はないが、新しい社会の動きに柔軟に対応でき、何より国境を越えたルールづくりに強みを発揮する。AIのように日進月歩で開発が進み、早めのルール作りができないと人間の尊厳までが毀損されかねない領域で規制を行うには、ソフトローが向いているとされる。

環境問題や人権侵害などの社会課題を考慮し、脱炭素社会に向けての取り組みを始めているかどうか、女性を含む多様な幹部や管理職を起用しているかどうか、みんなが企業をチェックし合う。多くの自主規制や業界団体の指針、消費者からの厳しい視線もある。それも、ソフトローの効果だ。

ハードローは国会や地方議会が決める分、強制力はあるものの、その力は地域や一国内にとどまることが多い。企業がグローバル化し、その影響が国や地域にとどまらないなか、ソフトローの力を借りないと対応できないことも多い。

ソフトローはハードローと比べて「柔軟性」がある分、想定外の危機が生じたときなどに企業がいち早く退出してしまい、守ってもらえない、というリスクが常につきまとう。環境問題や社会課題の解決の責任を企業に負わせたところで、企業も経営陣も、民主主義的な選挙で選ばれたわけではない。本質的には、責任を負う主体ではない。たとえSDGs的な課題解決に失敗しても、ビジネス上の損失は被るかもしれないが、その企業の経営者が、政治家のように選挙で落とされることもない。

民意という「正当性」がない分、市民にとって本当に必要な社会課題に取り組んでいるのかどうか、厳密には検証できない。企業の自己満足で終わる可能性があるのだ。

とはいえ、資本主義の限界について同意しようとしなかろうと、少なくとも現在の国際社会では、企業の存在はとてつもなく大きい。先の神作裕之氏の講演でも触れられているように、①規制改革が進んで、通商・投資活動の自由が拡大したことで企業の活動範囲は飛躍的に広がっている、②会社法の規制緩和によって経営者の裁量の幅は拡大する傾向にある、③公的企業の民営化が世界各国で相次いだこともあり、従来は公的部門が担ってきたサービスの提供を民間企業が行うようになった――という変化が生じている。シンプルに言えば、企業の活動がグローバルになり、場合によっては、国家より大きな存在になってきた、ということだ。

ハードローで対応できない領域が増えているため、SDGsをはじめとしたソフトローが広がっているのだが、ソフトローが持っている法的拘束力ならぬ「心的拘束力」は、意外に強いのではないかと私は考えている。

ムハマド・ユヌスさんの言葉

経済の力で社会課題を解決する「ソーシャルビジネス」の草分けとされ、ノーベル平和賞を受賞したムハマド・ユヌスさんと直接会って、話をしていたときのことだ。ユヌスさんは、低所得者向けの金融システム「グラミン銀行」をつくったことで有名だ。

当時、ユニクロやダノンなど多くの企業がグラミングループと提携し、途上国でのビジネスに乗り出していた。ビジネス誌などで「BOPビジネス」という見出しが躍っていたのをご記憶の方もいるだろう。アルファベット三文字である「BOP」は、ボトム（ベース）・オブ・ピラミッドの略称だ。経済的な底辺層（ピラミッドの底）を巻き込むビジネスという意味だが、途上国に住む人たちをロクにリスペクトせず、ただ「労働者」や「消費者」として、搾取する対象としてとらえているように思えて、私は批判的だった。

もちろん、ユニクロやダノンには社会課題を解決しようとする意図はあったが、それとは別に、メディアが発信する「ＢＯＰ」という言葉には、日本でモノが売れなくなったので、途上国にモノを売りつけようとする発想があるように思えた。それもあって、私は少しいじわるな質問をユヌスさんにした。

「企業は利益の最大化を考えます。たとえバングラデシュなどの途上国で、大企業がビジネスを始めたとしても、儲けが出なくなれば撤退してしまうかもしれません。そうなったら、ソーシャルビジネスのことも忘れるでしょう」

ユヌスさんはこう答えた。

「社会課題の解決に一度でも関わった社員は、そこから得た充実感を忘れない。心の変化は決して消えない。経営トップであろうと、忘れさせるのは難しい。そうした社員が既に生まれてしまった企業で、『自分は社会課題にもう関心はない』と経営トップが言えるでしょうか」

「たとえ一瞬であっても、社会課題解決を考えたビジネスが始まれば十分、意義はあります。万一、企業がソーシャルビジネスから撤退しても、貧困層の自立を促す商品が生活に入り込んでいれば、ニーズは残る。結果的に、『その商品を作りたい』という第2、第3の企業が必ず出てくる」

これはすごく「腹にストンと落ちた」答えだった。

仮にユニクロの方針が変わったとしても、社会課題の解決にもつながるビジネスを一度経験した社員の「感情」は変わらない。そこで得た充実感、仕事の意義、感謝される気持ち。たとえ企業のほうで「心変わり」があっても、感情が動いたという事実は残る。会社の方針が、どうしても自分に合わなくなったら、会社をやめて異なる会社でビジョンを追いかけることもできる。社会課題の解決により熱心な企業への転職も考え始めるに違いない。自分で起業したっていい。そういう意味で、心は決して、死なない。

「見えないもの」の時代へ

本書では、現代社会におけるさまざまな「心の動き」を見てきた。

第一章では、市民がアイデンティティに根ざした発信をし、企業がそれと対峙していく様子を検討した。こうした新しいトレンドに、うまく対応してきた企業が優等生化している（第二章）。第三章では、生々しいほどの内面をさらけだす消費者たちの登場について検討した。こうした状況が、消費者同士のアイデンティティの衝突に発展する可能性について第四章で触れ、こうした課題をいかに乗り越えるかを考えた。その上で第五章では、一人ひとりの従業員が自分の「心の中」を安心してオープンにできる職場を構築できるかどうかが、これからの課題であることを示した。

そしてこの章で何度も検討してきたように、現在は、心の時代、アイデンティティの時代だ。形なきモノが経済を動かす時代だ。

その背景には、環境問題や人権尊重などがビジネスの主要課題となり、企業価値が有形資産から無形資産へとシフトし、グローバル化によってステークホルダーが増えてきたことがある。さらに、新型コロナウイルスの感染拡大によって、私たちは「見えないもの」と戦っている。そこにはウイルスが肉眼では見えないという意味もあるし、自粛警察やウイルスへの恐怖によって社会が停滞してしまうという意味もある。さらに、本書では検討しなかったが、現代社会の大テーマであるＡＩの発達によって、人間の心とはなにかという問いが私たち人類につきつけられている。

ＳＤＧｓの時代となって、私たちは「見えないもの」に突き動かされている。ＳＤＧｓは国連が突然言い出したから広まったわけでも、どこかの広告代理店が仕組んで流行らせているわけでもない。

それは、見えるものの時代から、見えないものの時代へと移行したことを意味している。多くのビジネスパーソンたちは、このことを意識しないといけないのだ。消費者らから批判されるなど「災上」を経験した、複数の企業の幹部に私は会ったことがある。日頃から価値観について考えている人ほど、「回復力」が早い。反省すべきところは反省し、会社としてのアイデンティティをさらに磨き上げていく。一方、倫理や哲学など抽象的な「見えないこと」の思考に慣れていない人ほど右往左往する。では、この見えないものをどうとらえるのか。最後は自分の「腹」に問いかけるしかない。そのためには、どうしたらいいか。仕事で揺れ動く自分の心の声を言葉にして、アイデンティティを問い直し、他者と交流していくしかない。

仕事だからこそSDGsに取り組める

まえがきで、私は、すべてのビジネスパーソンは、四の五の言わずに、ＳＤＧｓに取り組むべきだ、と書いた。私自身も、ＰＩＶＯＴという新しい会社で、コンテンツの発信を通して微力ながら貢献したい。ＳＤＧｓの目標は17あるが、それぞれの持ち場で、得意なこと、できることからやっていく社会になってほしい。とはいえ、「腹落ち」したところで、実践は大変だ。特に、個人の生活を変えるのは難しい。私も、マイバックを忘れて無駄なレジ袋をもらうことはあるし、２０２１年の夏は暑すぎてクーラーをずっとつけていた。「きれいごと」ばかりを言う校長先生は好きになれない。

一方、本書で見てきたように、個人というプライベートの領域ではなく、仕事というパブリックな場だからこそ、ＳＤＧｓに取り組める。職場は他者と交流するところだ。会社員でも、フリーランスでも、同じだ。上司や取引先がいて、同僚がいて、お客さんや株主がいる。消費者から無数の視線が注がれる。衝突を生むときもあるが、私たちを「SDGs的」にさせてくれる。だからといって、聖人君子になれ、と要求されたりはしない。人間なんて欲の塊だ、その通り。ただ、その現実を「しょうがない」と考えるのか、新しい欲望と価値をもとにした別の経済の仕組みを生み出すチャンスだと考えるのか。こうしたことは、仲間がいるビジネスの現場のほうがチャレンジしやすい。

欧米を中心に、「ジェネレーション・レフト」と呼ばれる、新しい左派世代が出てきている。アメリカでは、社会主義を信条とする政治家を支持する若者が増えた。彼女や彼たちは、資本主義を信用していない。私も一定の共感をしつつ、もし万が一、資本主義が終焉を迎えるにしても、「移行期」や「模索期」においては、本書で見てきたようなSDGs的なビジネスの変化に期待する立場だ。

起業のスキルを生かして、40以上のビジネスを立ち上げている「ボーダーレス・ジャパン」。代表の田口一成さんは「9割の社会問題は、ビジネスで解決できる」と話す。最近は地球温暖化を防ぐための電力関連のビジネスも手がける。地域のメンバーなど全員が出資し、飲食や福祉などの事業を一丸となって行う「ワーカーズ・コレクティブ」も増えていくだろう。ビジネスと非ビジネス領域はますます交差するだろうし、企業にいるビジネスパーソンも、新しいビジネスの開発のために、ＮＰＯやＮＧＯと組むことも多くなる。働き手がユニオンなどの組織に所属したり、副業で社会課題解決に取り組んだりしていく。外部の力との連携を促すのもＳＤＧｓだ。

１９９０年代の後半、インターネットによって世界は変わる、と言われた。あれから20年。今度は、ＳＤＧｓが、ビジネスの新しい時代をひらくのである。

あとがき――いかにも「アメリカ的な話」

「いかにもアメリカ的な話だわね」。２０２１年5月15日に94歳で亡くなった私の祖母が、つぶやいたことがある。30年以上前、私が小学生だったころ。住んでいたアメリカで、近所の老夫婦の家の落ち葉拾いを、私が買って出たことがあった。それまで老夫婦がやっていた作業だったが、私は1時間あたり5ドルをもらって、それを仕事に変えた。そのことを祖母に伝えたときに出てきた言葉である。

ザ・資本主義社会であるアメリカらしいエピソードだと感じたのだろう。私は子どもながら、その言葉が印象に残った。落ち葉拾いという仕事を自ら発明して、お金を稼いでいたことを自慢しようと思っていたものの、返ってきたのは、少し引っかかりのある表現だったからだ。

私は、何時間分かの落ち葉拾いを終えて、まとまった給料をもらいに行った。アメリカ人老夫婦が「せっかく落ち葉を拾っているのだから、これをサイエンスプロジェクトにしたらどう?」と提案してきた。サイエンスプロジェクトとは、理科の自由研究のようなものである。私は「いいアイデアですね」と応じ、それ以降は拾った落ち葉の中から、珍しいものを探し出して画用紙に貼り、図書館で調べたり、近所の大人に尋ねたりして、「地域の植物」というタイトルのレポートを作成した。学校の先生に褒められたことを覚えている。教室で寝ていなかった頃の話だ。祖母にも見せた。

そういえば、私が1時間あたり5ドルのお金が欲しかったのは、その頃、子どもたちのあいだで流行っていたベースボールカード(大リーグ選手の写真が載ったカード)を買いたかったからだ。英語がネイティブではなく、恥ずかしがり屋だった私は、現地の子どもたちに馴染めずにいた。今にして思えば、カードを通して、つながりたかったのだろう。

誰かとつながりたいという私の個人的な欲望が、落ち葉拾いという経済活動を通して、老夫婦と関係を築くことになり、サイエンスプロジェクトという、思いもしなかった成果物を「生産」した。老夫婦が、1時間あたり5ドルを払うという「雇用主」という立場を超えて、私と一緒に葉っぱの種類を必死になって調べてくれたり、ベースボールカードを交換して仲良くなった同級生が、レポートの中の英語の間違いを見つけてくれたりしたように、いつの間にか、「個人的なこと」が「みんなのこと」になっていた。経済活動がもたらす不思議である。余談だが、相手の望むことを進んで受け入れるという意味の「買って出る」という日本語表現にも、「買って」という経済的な文字が入っている。

経済の、ましてや資本主義の〝素晴らしさ〟を手放しで語りたいわけではない。SDGsの目標1は「貧困をなくそう」だ。「なくそう」と簡単に呼びかけられて解決するような、生やさしいものではない。1日1・9ドルで生活する「貧困ライン」を下回る生活をしている人は、地球上に7億人いるとされる。日本でも、約16％が相対的貧困状態にある。こうしたなかで、NGO「オックスファム」によると、世界の富裕層上位約2100人の資産の合計は、地球上の最貧困層46億人の総額より多いという、圧倒的な富の偏りがある。強欲な資本主義が招いた社会だ。ちっとも、素晴らしくない。

「海外援助機関に寄付せずに豊かなライフ・スタイルで暮らすことは、死にゆく貧しい人を放っておくという意味で、倫理的には殺人と同じことなのか？」（傍点は筆者）とかつて問題提起したのは倫理学者、ピーター・シンガー氏だ（*Practical Ethics*, Cambridge University Press）。

私は強い人間では、ない。一人でいると、何をしたらいいのか、何のために生活しているのか、そして善く生きるとはどういうことなのかが分からなくなってくる。あまり言いたくないが、妻が仕事に出て、子どもが学校に行って、日中に一人でいると、悶々とし始めて、かなりの部分で「独善的」になる。

弱く、みっともない私であっても、仕事や消費や寄付や落ち葉拾いなどの「経済的なこと」を通じて、自分の価値観の欠点に気づき、独りよがりのアイデンティティが修正され、もう一度、自分の「個人的なこと」を見つめ直すきっかけになる。そこからでしか、私に関しては、SDGsのことを考えられない。先ほどの「落ち葉拾い」の思い出を振り返るまでもなく、少なくとも私に関しては、一種の「経済活動」を通して他者と交わり、自己を見つめ直すことが、「価値観」を確立することにつながる。あくまで「私は」という意味だ。

この本は会話をしながら生まれた。構想段階で、ノンフィクションライターの石戸諭《いしどさとる》さんが聞き役になってくれ、私は自分で話したことを、自分でメモを取った。さらに、時間がない私のために、朝日新聞社の高久潤記者が、私にインタビューしてくれ、その録音をもとに、休みの日に一気に書いた。二人との「会話」がなかったら、私の文章はあまりにも「個人的なもの」になっていたことだろう。執筆前から、しかも当代一流のメディア人という「取材者兼読者」が存在したことは望外の喜びである。学問とジャーナリズムを行き来する高久さん、ありがとうございます。そして、何よりも、筑摩書房の編集者、石島裕之さんが、初めて会った街の洋食屋さんで食事をしたときから、ずっと伴走してくれたことが大きい。そして、ハフポスト日本版のみんな、全員の名前と感謝の気持ちを書ききれないのが残念です。かけがえのない5年間をありがとうございます。

まえがきで私は、ジャングルジムのことを書いた。自分一人の力ではなく、実際は、ここに記したみなさんや、名前を書き切れなかったみなさんの導きによって、ここまで登ってきた。寄り道でさえも、みなさんのおかげである。

最後に、共働きの妻の亜祐子と、長男琳太郎。結局のところ、どれだけ取材を重ねても、事前に調べても、本から知識を仕入れて、人と会っても、経験を積んでも、私が決断をするとき、最後には「この行動は、亜祐子と琳太郎が、どう思うのだろうか」と考えることに行き着く。そういう意味では、「個人的なこと」は決して私個人のものではないのかもしれない。

2021年　晩夏

竹下隆一郎

〔新聞記事〕
東浩紀「〝有権者の消費者化〟に可能性」『朝日新聞』2010年10月28日

〔ウェブサイト〕
国際連合広報センター、https://www.unic.or.jp/（参照 2021年7月12日）
国連広報センターブログ『「みんなで乗り越えよう、新型コロナパンデミック：私はこう考える」（5）根本かおる（後編）』、https://blog.unic.or.jp/entry/2020/06/02/133327（最終閲覧日：2021年7月12日）

Henderson, R. (2020), *Reimagining Capitalism in a world on fire*, PublicAffairs
Ibarra, H. (2004), *Working Identity*, Harvard Business School Press
Illouz,E. (2007), *Cold Intimacies:The Making of Emotional Capitalism*, Polity Press
Kovarik, B. (2011), *Revolutions in Communication*, Continuum International Pub. Group
Negroponte, N. (1996), *Being Digital*, Vintage Books
Shiller,R.J. (2019), *Narrative Economics*, Princeton University Press
Tett, G. (2021), *Anthro-Vision*,Avid Reader Press
Thunberg, G. (2019), *No One Is Too Small To Make A Difference*, Penguin Books

〔ウェブ記事〕
生田綾、坪池順『政治に関心を持つと「意識高いね」と言われる日本。大学生がメディア「NO YOUTH NO JAPAN」を始めるまで』ハフポスト日本版、2020年12月27日（最終閲覧日：2021年7月11日）
泉谷由梨子『男性のパタハラ被害、4人に1人が経験。「男性育休」取得促進する法律が成立。変わる5つのポイント』ハフポスト日本版、2021年6月3日（最終閲覧日：2021年7月11日）
國崎万智『「面倒くさい客」トラウデン直美さん発言への批判、労働問題の専門家はどう見た？』ハフポスト日本版、2020年12月24日（最終閲覧日：2021年7月11日）
高橋史弥『「経済安全保障」と言われても…中国とビジネスしている日本の会社は、どうすればいいのか』ハフポスト日本版、2021年6月17日（最終閲覧日：2021年7月11日）
中村かさね『ユニクロ・柳井氏がウイグル発言で失うものは何か。「ノーコメント」が悪手だった3つの理由』ハフポスト日本版、2021年4月10日（最終閲覧日：2021年7月11日）
南麻理江『男女比「50:50プロジェクト」をはじめます。ジェンダーギャップ指数121位の国で、メディアにできること』ハフポスト日本版、2021年1月26日（最終閲覧日：2021年7月11日）
Lila, Mark (2016). The End of Identity Liberalism. *The New York Times*. https://www.nytimes.com/2016/11/20/opinion/sunday/the-end-of-identity-liberalism.html (accessed 2021-07-21)

ング
待鳥聡史［2015］『代議制民主主義』中公新書
マンキュー、G.［2005］『マンキュー経済学 ミクロ編（第2版）』『マンキュー経済学 マクロ編（第2版）』東洋経済新報社
水島治郎［2016］『ポピュリズムとは何か』中公新書
南博、稲場雅紀［2020］『SDGs』岩波新書
宮崎勇、本庄真、田谷禎三［2021］『日本経済図説 第五版』岩波新書
村上芽・渡辺珠子［2019］『SDGs 入門』日経文庫
モニター デロイト編［2018］『SDGs が問いかける経営の未来』（日本経済新聞出版社）
レイクⅡ、C.D.［2020］『社外取締役の兵法』日本経済新聞出版社
ロドリック、D.、柴山桂太、大川良文訳［2013］『グローバリゼーション・パラドクス：世界経済の未来を決める三つの道』白水社
山本龍彦編著［2018］『AI と憲法』日本経済新聞出版社
吉岡秀子［2019］『コンビニ おいしい進化史』平凡社新書
吉田徹［2020］『アフター・リベラル』講談社現代新書
吉田徹［2014］『感情の政治学』講談社選書メチエ

〔英語文献〕
Akerlof, G.A., Kranton, R.E. (2010), *Identity Economics,* Princeton University Press
Aneesh, A. (2006), *Virtual Migration,*Duke University Press
Briggs, A., Burke,P. (2013), *A Social History of The Media,* Polity Press
Burrell, J. (2012), *Invisible Users,* MIT Press
Banerjee,A.V., Duflo,E. (2019), *Good Economics for Hard Times,* PublicAffairs
Davis,J.B. (2011), *Individuals and Identity in Economics,* Cambridge Univesity Press
Dillon,K. (2015), *HBR Guide to Office Politics,* Harvard Business Review Press
Fukuyama, F. (2018), *Identity,* Profile Books
Goodhart, D. (2017), *The Road to Somewhere,* Penguin Books
Haskel, J., Westlake, S. (2018), *Capitalism without Capital,* Princeton University Press
Heath, J., Potter, A. (2006), *The Rebel Sell,* Capstone

今野晴貴［2015］『ブラック企業２』文春新書
佐久間裕美子［2020］『Weの市民革命』朝日出版社
佐藤俊樹［2010］『社会は情報化の夢を見る』河出文庫
佐藤俊樹［1993］『近代・組織・資本主義：日本と西欧における近代の地平』ミネルヴァ書房
塩野誠［2020］『デジタルテクノロジーと国際政治の力学』（NewsPicksパブリッシング）
塩野　誠，宮下　和昌［2015］『事業担当者のための逆引きビジネス法務ハンドブック』東洋経済新報社
治部れんげ［2018］『炎上しない企業情報発信　ジェンダーはビジネスの新教養である』日本経済新聞出版社
島悟［2007］『メンタルヘルス入門』日経文庫
清水真人［2018］『平成デモクラシー史』ちくま新書
瀧澤弘和［2018］『現代経済学』中公新書
橘木俊詔［2021］『日本の構造』講談社現代新書
田中慎一、保田隆明［2019］『コーポレートファイナンス　戦略と実践』ダイヤモンド社
田中洋［2002］『企業を高めるブランド戦略』講談社現代新書
田中亘［2018］『会社法　第２版』東京大学出版会
ダモダラン、A.、藤原玄訳、長尾慎太郎監修［2018］『企業に何十億ドルものバリュエーションが付く理由』パンローリング
堂目卓生［2008］『アダム・スミス』中公新書
ハインドマン、M.、山形浩生訳［2020］『デジタルエコノミーの罠』NTT出版
博報堂生活総合研究所編［1985］『「分衆」の誕生』日本経済新聞社
濱口桂一郎［2018］『日本の労働法政策』労働政策研究・研修機構
河炅珍［2017］『パブリック・リレーションズの歴史社会学』岩波書店
平野啓一郎［2021］『本心』文藝春秋
深尾京司［2012］『「失われた20年」と日本経済』日本経済新聞出版社
藤野裕子［2020］『民衆暴力』中公新書
夫馬賢治［2020］『ESG思考』講談社＋α新書
細見和之［1999］『アイデンティティ／他者性』岩波書店
本田哲也［2021］『ナラティブカンパニー：企業を変革する「物語」の力』東洋経済新報社
牧野　圭太［2021］『広告がなくなる日』クロスメディア・パブリッシ

主要参考文献

青野慶久［2018］『会社というモンスターが、僕たちを不幸にしているのかもしれない。』PHP 研究所
青野慶久［2015］『チームのことだけ、考えた。』(2015) ダイヤモンド社
朝倉祐介［2018］『ファイナンス思考』ダイヤモンド社
安藤潤［2017］『アイデンティティ経済学と共稼ぎ夫婦の家事労働行動』文眞堂
井川ちとせ、中山徹編著［2017］『個人的なことと政治的なこと』彩流社
磯崎哲也［2015］『起業のファイナンス　増補改訂版』日本実業出版社
伊藤邦雄［2021］『企業価値経営』日本経済新聞出版
井之上喬［2015］『パブリックリレーションズ　第２版』日本評論社
岩井克人［2006］『二十一世紀の資本主義論』ちくま学芸文庫
岩井克人［2009］『会社はこれからどうなるのか』平凡社ライブラリー
宇野重規［2010］『〈私〉時代のデモクラシー』岩波新書
宇野常寛［2020］『遅いインターネット』幻冬舎
宇野常寛［2013］『日本文化の論点』ちくま新書
小川さやか［2019］『チョンキンマンションのボスは知っている』春秋社
梶谷懐［2018］『中国経済講義』中公新書
神島裕子［2018］『正義とは何か』中公新書
蟹江憲史編著［2017］『持続可能な開発目標とは何か』ミネルヴァ書房
蟹江憲史［2020］『SDGs』中公新書
金子寿太郎［2021］『EU　ルールメイカーとしての復権』日本経済新聞出版
神取道宏［2014］『ミクロ経済学の力』日本評論社
神林龍［2017］『正規の世界・非正規の世界』慶應義塾大学出版会
北川哲雄［2015］『スチュワードシップとコーポレートガバナンス』東洋経済新報社
今野晴貴［2012］『ブラック企業』文春新書

ちくま新書
1599

SDGsがひらくビジネス新《しん》時《じ》代《だい》

二〇二一年九月一〇日　第一刷発行

著者　竹下隆一郎（たけした・りゅういちろう）

発行者　喜入冬子

発行所　株式会社 筑摩書房
東京都台東区蔵前二-五-三　郵便番号一一一-八七五五
電話番号〇三-五六八七-二六〇一（代表）

装幀者　間村俊一

印刷・製本　三松堂印刷 株式会社

ISBN978-4-480-07343-3 C0233

ちくま新書

001
貨幣とは何だろうか
今村仁司
人間の根源的なあり方の条件から光をあてて考察する貨幣の社会哲学。世界の名作を「貨幣小説」と読むなど貨幣への新たな視線を獲得するための冒険的論考。

852
ポストモダンの共産主義
――はじめは悲劇として、二度めは笑劇として
S・ジジェク
栗原百代訳
9・11と金融崩壊でくり返された、グローバル危機という掛け声に騙されるな――闘う思想家が混迷の時代を分析、資本主義の虚妄を暴き、真の変革への可能性を問う。

893
道徳を問いなおす
――リベラリズムと教育のゆくえ
河野哲也
ひとりで生きることが困難なこの時代、他者と共に生きるための倫理が必要となる。「正義」「善悪」「権利」とは何か？　いま、求められる「道徳」を提言する。

1182
カール・マルクス
――「資本主義」と闘った社会思想家
佐々木隆治
カール・マルクスの理論は、今なお社会変革の最強の武器であり続けている。最新の文献研究からマルクスの実像に迫ることで、その思想の核心を明らかにする。

1385
平成史講義
吉見俊哉編
平成とは、戦後日本的なものが崩れ落ち、革新の試みが挫折した30年間だった。政治、経済、雇用、メディア。第一線の研究者がその隘路と活路を描く決定版通史。

1513
明治憲法史
坂野潤治
近代日本が崩壊へと向かう過程において、憲法体制は本当に無力であるほかなかったのか。明治国家の建設から総力戦の時代まで、この国のありようの根本をよみとく。

1567
氏名の誕生
――江戸時代の名前はなぜ消えたのか
尾脇秀和
私たちの「氏名」はいつできたのか？　明治政府が行った改革が、江戸時代の常識を破壊し大混乱を巻き起こす。気鋭の研究者が近世・近代移行期の実像を活写する。

ちくま新書

1342 世界史序説 ——アジア史から一望する 岡本隆司
ユーラシア全域と海洋世界を視野にいれ、古代から現代までを一望。西洋中心的な歴史観を覆し、「世界史の構造」を大胆かつ明快に語る。あらたな通史、ここに誕生！

1377 ヨーロッパ近代史 君塚直隆
なぜヨーロッパは世界を席巻することができたのか。「宗教と科学の相剋」という視点から、ルネサンスに始まり第一次世界大戦に終わる激動の五〇〇年を一望する。

399 教えることの復権 大村はま 苅谷剛彦・夏子
詰め込みかゆとり教育か。今再びこの国の教育が揺れている。教室と授業に賭けた一教師の息の長い仕事を通して、もう一度正面から「教えること」を考え直す。

1386 大学の未来地図 ——「知識集約型社会」を創る 五神真
高等教育機関たる大学は知の集積拠点である。価値創造の上でも力を発揮する大学は、日本の未来にとっても重要な役割を果たす。その可能性を説く新時代の大学論！

655 政治学の名著30 佐々木毅
古代から現代まで、著者がその政治観を形成する上でたえず傍らにあった名著の数々。選ばれた30冊は混迷を深める時代にこそますます重みを持ち、輝きを放つ。

934 エネルギー進化論 ——「第4の革命」が日本を変える 飯田哲也
いま変わらなければ、いつ変わるのか？ 自然エネルギーは実用可能であり、もはや原発に頼る必要はない。持続可能なエネルギー政策を考え、日本の針路を描く。

1353 政治の哲学 ——自由と幸福のための11講 橋爪大三郎
社会の仕組みを支えるのが政治だ。政治が失敗すると、自由も幸福も壊れかねない。政府、議会、安全保障、年金など、政治の基本がみるみる分かる画期的入門書！

ちくま新書

1288 これからの日本、これからの教育　前川喜平／寺脇研
二人の元文部官僚が「加計学園」問題を再検証し、生涯学習やゆとり教育、高校無償化、夜間中学など一連の改革をめぐってとことん語り合う、希望の書！

1304 ひとり空間の都市論　南後由和
同調圧力が高い日本の、おひとりさま。だが都市生活では、ひとりこそが正常だったはずだ。つながりやコミュニティへ世論が傾く今、ひとり空間の可能性を問い直す。

1371 アンダークラス ——新たな下層階級の出現　橋本健二
就業人口の15％が平均年収186万円。この階級の人々はどのように生きているのか？　若年・中年、女性、高齢者とケースにあわせ、その実態を明らかにする。

1384 思いつきで世界は進む ——「遠い地平、低い視点」で考えた50のこと　橋本治
「あんな時代もあったたね」とでは済まされない怒濤の展開。日本も世界も「思いつき」で進んではいないか？　アナ雪からトランプまで、橋本治、最後の時代診断。

1414 武器としての世論調査 ——社会をとらえ、未来を変える　三春充希
内閣支持率は西高東低。野党支持は若年層で伸び悩み。世論調査を精緻に見ていけば、この社会の全体像が見えてくる。仕組みの理解から選挙への応用まで！

1433 ソーシャルワーカー ——「身近」を革命する人たち　井手英策／柏木一恵／加藤忠相／中島康晴
悲惨に立ち向かい、身近な社会を変革するソーシャルワーカー。人を雑に扱う社会から決別し、死ぬまで人間らしく生きられる社会へ向けて提言した入魂の書！

1558 介助の仕事 ——街で暮らす／を支える　立岩真也
大勢の人が介助を必要としていてもその担い手がいない。どうすればいいのか。介助の仕事のあり方から制度のことまで、利用者にとっても大事なことを語り尽くす。

ちくま新書

619 **経営戦略を問いなおす** 三品和広
戦略と戦術を混同する企業が少なくない。見せかけの「戦略」は企業を危うくする。現実のデータと事例を数多く紹介し、腹の底からわかる「実践的戦略」を伝授する。

851 **競争の作法 ——いかに働き、投資するか** 齊藤誠
なぜ経済成長が幸福に結びつかないのか？　標準的な経済学の考え方にもとづき、確かな手触りのある幸福を築く道筋を考える。まったく新しい「市場主義宣言」の書。

1061 **青木昌彦の経済学入門 ——制度論の地平を拡げる** 青木昌彦
社会の均衡はいかに可能なのか？　現代の経済学を主導した碩学の知性を一望し、歴史的な連続／不連続性のなかで、ひとつの社会を支えている「制度」を捉えなおす。

1276 **経済学講義** 飯田泰之
ミクロ経済学、マクロ経済学、計量経済学の主要3分野をざっくり学べるガイドブック。体系を理解して、大学で教わる経済学のエッセンスをつかみとろう！

1526 **統計で考える働き方の未来** 坂本貴志
労働の実態、高齢化や格差など日本社会の現状、賃金や社会保障制度の変遷などを多くの統計をもとに分析し、そこから未来を予測。高齢者の働き方を考える。

993 **学問の技法** 橋本努
学問の王道から邪道まで、著者自身の苦悩から生み出されたテクニックを満載！　大学生はもちろん社会人も、読めば学問がしたくてしょうがなくなる、誘惑の一冊。

371 **大学受験のための小説講義** 石原千秋
「大学入試センター試験」に必ず出る小説問題。これを解くには学校では教えてくれない技術が必要だ！　国公立二次試験にもバッチリ使える教養としての小説入門。